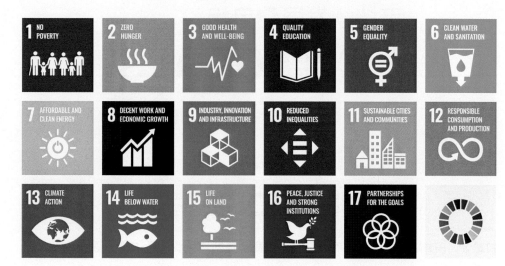

口絵 1 　国際連合SDGsポスター（英語）

出所　The United Nations Communication materials
https://www.un.org/sustainabledevelopment/news/communications-material/

口絵 2 　国際連合SDGsポスター（日本語）

出所　国際連合広報センター
https://www.unic.or.jp/activities/economic_social_development/sustainable_development/
2030agenda/sdgs_logo/

口絵 3　SDGs ロゴマーク（アラビア語・中国語・英語・フランス語・ロシア語・スペイン語）

出所　国際連合ウェブサイト
https://www.un.org/sustainabledevelopment/

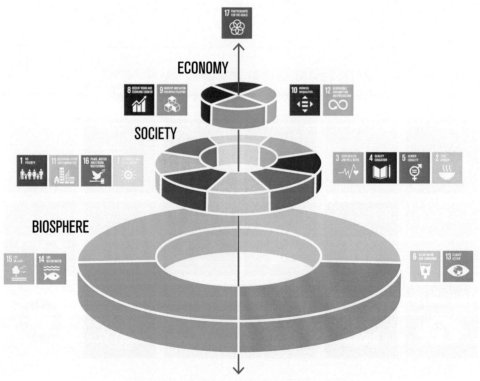

口絵 4　SDGs ウェディングケーキモデル

出所　Azote for Stockholm Resilience Centre, Stockholm University（CC BY-ND 3.0）
https://www.stockholmresilience.org/research/research-news/2016-06-14-the-sdgs-wedding-cake.html

My SDGs

危機の時代を生きる
「私」の問いを立てる授業

吉川　幸［著］

学術図書出版社

はじめに

　本書はSDGsについて学ぼうとする学生の入門編の教科書として書き下ろしたものです。岡山大学の教養教育科目で実施している私の授業では、SDGsがなぜ必要か、誰の何を解決しようとしているのかを複数の観点から考えます。授業には学生同士で意見交換する場面を多く設け、そこから生まれた気づきを省察したり、クラス全体での議論に発展させたりするようにしています。これからの社会の中核となる若者たちには、現代社会の各所に存在する問題の所在に気づく力を得、社会の構成員のひとりとして自覚的であってほしいと願っています。2022年度から施行された高等学校の学習指導要領には「総合的な探究の時間」が設けられていますが、このことは大学での学びと無関係ではありません。社会への関心を高め、高等教育での専門的な研究につながっていくものだと期待するからです。

　SDGsというレンズを通して社会の問題を知り、目標状態に近づけるための方法を考える経験をするときに、すでに持っている知識や考え方とのギャップに向き合わなければならないこともあるでしょう。そのような経験のひとつひとつが、知識と実践を結びつける貴重な学習機会です。本書での学びが、大学で多彩な専門分野を学ぶクラスメイトたちとの対話を引き出し、さまざまな事象が織りなす現実社会について考え、気づき、意見や疑問を可視化する機会となることを願っています。

　2023年5月

吉川　幸

授業での本書の活用方法

授業の流れ

　本書は 7 課で構成され、ひとつの課は 90 〜 100 分間授業で使うことが想定されています。それぞれの課は、説明、グループワークに加え、その回全体での知識や思考のゆらぎを言語化するためのリフレクションがあります。

　グループワークの基本形は Think Pair Share です。出された問いに対し、①まず自分の意見を考え（Think）、②他の学生とペアになって話し合い（Pair）を行います。その後、③全体に共有する（Share）をクラス全体で行うのが基本の流れです。Pair は本来 2 名での活動を指しますが、大学の教養教育科目など様々な学部から学生が集まっていて授業以外での接点を持ちにくいような場合には、4 名前後でのグループ活動のほうが話しやすいようです。また、自分以外の人の意見を聞いたときに、自分の意見との共通点や相違点から新たな観点を得ることもあります。そうした気づきを忘れないうちに書き留めておいてほしいとも考え、④省察（Reflection）を行うための事後課題（リフレクションペーパー）を 400 〜 600 字程度で書くことを課しています。

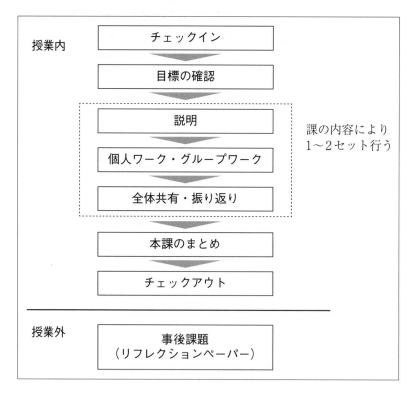

　本書にはこれらの気づきを余すところなく書き込めるように、記入欄を設けています。授業のたびに増える書き込みは必ずしも整った文章である必要はなく、キーワードをメモする程度で構いません。自分の思考のゆらぎを覚えておくため、または後から記憶を呼び起こすための役割だからです。

本書を使う持ち主自身の手による新たな書き込みは、内化した学びがクラスメイトとの意見交換を経て外化するステップの記録となるでしょう。

　授業時間内に発見したことや自分の内面に生じた変化などは、よほど大きなものでもなければ授業終了の合図とともに忘れてしまい、数時間後に課題に取り組もうとしても思い出せないのではないでしょうか。せっかくの学びが学生の手からこぼれ落ちていかないように、授業内には Reflection につながるメモを記録しておき、授業後に落ち着いてリフレクションペーパーを書く、という流れを作っています。ここでいうリフレクションペーパーとは、多くの授業で課されるであろう「リアクションペーパー」と同様、数百字程度でまとめるものです。私の授業では、学習したことを確認するために教員への提出を課していますが、学生が自分自身に向き合って書いているものであることがわかればよく、自由度の高い課題となっています。

　SDGs を題材とする授業の目的は、日々変化する現代において、社会課題を自分事として考える姿勢と、他者とのコミュニケーション活動に支えられるものであろうと思います。本書のタイトルにある「私の問い」は、授業内だけに留まるものではなく、学生にとって、生涯を通した学びの伴走者になることでしょう。

資料や図版

　本書で紹介している資料には国連をはじめとする国際機関が刊行しているものが含まれ、その大半は英語です。大学の授業ですので、学生にはできるだけ原典にあたってほしいと考え、英語のまま掲載することを基本方針としています。なお、必要に応じて抄訳を添え、理解の一助となるようにしています。

　授業内ではこれらの他に資料を追加して紹介することがあります。テキストの刊行後にもどんどん新資料が提供されることが最大の理由ですが、最近の資料は書籍や PDF といった静的コンテンツだけではなく、動画やインタラクティブなウェブサイトなどの動的なコンテンツも多くあるためです。動的なコンテンツの情報量は非常に多いので、本書では適宜 QR コードを掲載しています。合わせてご活用ください。

謝　辞

　巻末部分「SDGs　17 の目標と 169 のターゲット」は、慶應義塾大学 SFC 研究所 xSDG・ラボ代表の蟹江憲史先生とアドバイザーの川廷昌弘氏が設立された「SDGs とターゲット新訳」制作委員会のご好意により掲載させていただきました。伏して感謝申し上げます。

　第 6 課で使用した「SDGs イシューマップ」は特定非営利活動法人イシュープラスデザインのご好意により掲載させていただきました。筆者は同法人が運営するカードゲーム「SDGs de 地方創生」公認ファシリテーターとしても活動しており、ご縁に感謝申し上げます。

目　　次

第1課　SDGs の合意に至るまで

本課の目標

国際社会はなぜ SDGs を合意したのだろうか。SDGs はなぜ必要なのだろうか。いつからその必要性が考えられてきたのだろうか。まずは背景について考えてみよう。

宇宙船地球号

　地上約 400 キロメートルの宇宙空間に浮かぶ国際宇宙ステーション（International Space Station）の最大のミッションは、「人間が宇宙空間で過ごせること」なのだそうです。無重力であるという点では地球上の環境とは異なるものの、空気、温度、湿度、気圧は同じように調整されています。ここに長期滞在する宇宙飛行士が多彩なミッションを行っているわけですが、確かに、その空間で人間が生存することができなければ、科学実験も通信も実施することはできません。

　人類が生存している地球を宇宙船に例えたのは、米国の思想家リチャード・バックミンスター・フラー（Richard Buckminster Fuller）です。「現代のレオナルド・ダ・ヴィンチ」とも呼ばれた学者で、ノーベル平和賞の候補に名前が挙がったこともあります。フラーは、1967 年に行った講演に基づく著書 *Operating Manual For Spaceship Earth*[1] で、地球は保有する資源が限られ、外部から資源を供給することもできず、取扱説明書もない宇宙船であり、自分たちの最も大切な未来に向けての能力を、過去を振り返りながら開発していかなければならないと問題提起しました。その後、このわかりやすい比喩は、地球や宇宙船のモチーフとともに多くの場面で使われるようになります。

　国際連合（国連）のウェブサイトで Spaceship Earth を検索すると、*Preparing the Next Generation to Join the Conference Table*（次世代を議論の場へ）と題した J・マイケル・アダムス（J. Michael Adams）の 2013 年 6 月 27 日の記事がヒットします。アメリカ合衆国ニュージャージー州にあるフェアリーディキンソン大学（Fairleigh Dickinson University）の学長でもあり、世界大学総長協会（International Association of University Presidents, IAUP）の会長でもあった方です。フラーを引用した一節を抄訳を添えて紹介します[2]。

Buckminster Fuller, the twentieth century philosopher, described the Earth as a spaceship, and he wrote that all humans are really astronauts sharing residence on a planet travelling 60,000 miles an hour. He believed, "We are not going to be able to operate our Spaceship Earth successfully nor for much longer unless we see it as a whole spaceship and our fate as common. It has to be everybody or nobody."

---

[1]　邦訳は文庫版で出版されています。バックミンスター・フラー著（芹沢高志訳）『宇宙船地球号操縦マニュアル』（ちくま学芸文庫, 2000）

[2]　United Nations UN Chronicle "Preparing the Next Generation to Join the Conference Table" https://www.un.org/en/chronicle/article/preparing-next-generation-join-conference-table

（20世紀の哲学者バックミンスター・フラーは地球を宇宙船に例え、すべての人類は時速6万マイルで飛行する惑星を分け合って暮らす宇宙飛行士なのだと言った。私たちが地球を一つの宇宙船とみなし、運命を共にするのだと理解しない限り、宇宙船地球号をうまく操縦することも操縦し続けることも叶わないだろう。操縦するのはほかならぬ私たちなのだ。）

そして、このことは国際社会にとって根本的な哲学であるが、残念ながら現代の教育システムはそのようにはなっておらず、学校は人々が世界について学び、世界の中の自分たちの役割を理解できるようにする必要があるのだと、アダムスは続けます。

Having a global education and being a world citizen is the key element for peace and for all elements of progress outlined in the UN Charter. Indeed, that is the foundation for the necessary new skill-set at the conference table. Being able to look at the problems through the eyes of others reduces fears and misunderstandings that breed conflict and confusion. We must learn to work together; we must learn more about each other; and we must come to the table with resolve to solve those problems no single country can address.

（グローバル教育を受け、世界の市民であることは、平和と、国連憲章に概説されているあらゆる進歩にとって重要な要素だ。実際、このことは議論の際に必要な新たなスキルセットの土台となる。他者の目を通して問題を見ることができれば、対立や混乱を招く恐怖心や誤解は減る。私たちは共に活動することを学び、互いについてよりよく理解し、単一の国では対処できない問題を解決するという決意を持って、議論の場に来なければならない。）

教育者であるアダムスは、国際的な協力の重要性を説くと同時に、世界市民（地球市民）である個人ひとりひとりの自覚の重要性を説きます。確かに、「宇宙船地球号」の乗組員である私たちの運命は地球と共にあるのだという自覚は必要でしょう。フラーが言うように、宇宙船地球号には取扱説明書はないのです。過去を振り返りながら、正解のない数多の問いに対処していかなければなりません。しかし、何から始め、どうすればよいのでしょうか。

本書は国連「持続可能な開発目標」SDGsについて学びたい大学生のための授業の教科書として執筆しました。SDGsの存在は広く知られるようになりましたが、いまなお、国際的な問題や世界共通の問題に関するもの、どこか遠くの誰かの問題に関するもの、というイメージは強いように思われます。SDGsについて理解を深めるための良書はすでに多く刊行されていて、知識をインプットする機会は多くありますが、SDGsについて自分の関心事と近づける機会は比較的少ないのではないでしょうか。本書ではSDGsを通して「正解のない問い」について考えるため、世界から日本へ、そして地域へと、徐々に視点を自分に近づけていくように構成しました。SDGsを必要とする状況を改善するための問いを考える一助となれば幸いです。

SDGs の認知度合い

　SDGs について学ぶ前に、現在 SDGs がどの程度認知されているかを見ておきましょう。株式会社電通が 2022 年 1 月に実施した第 5 回「SDGs に関する生活者調査」では、86.0％の人が SDGs という言葉を認知しているとの結果が公表されています。第 1 回調査（2018 年 1 月）では 14.6％に過ぎなかったので、この数年間で急速に認知が進んでいることがわかります。職業別で見ると、第 4 回調査（2021 年 1 月）からの 1 年間に、公務員や会社員での認知度が高まっています。学生については過去調査からすでに認知度は高かったのですが、今回もさらに伸びています（図 1.1）。

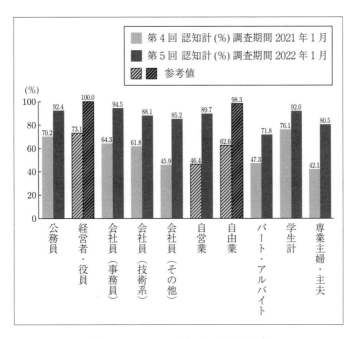

図 1.1　SDGs の認知率（職業別）[3]

　調査結果の中には、Z 世代と呼ばれる 1990 年代半ばから 2000 年代の初めに生まれた若年層についての分析もあります（図 1.2）。SDGs を認知した経路で最も多いのが「勤務先の業務や学校の授業で」です。報告書でも、Z 世代はジェンダー平等への関心が高く、SDGs 関連イベントへの参加意向や関連商品・サービスの消費意向も高く、インフルエンサーや広告の影響を受け、SNS や家族・友人との会話で情報が共有されることが記載されています。若い世代でも、中学時代や高校時代に SDGs に関する講演会に参加したり、授業内外での探究活動で開発途上国支援や格差問題に取り組んだりした経験を持つ人々は確実に増えています。

3)　出所：株式会社電通ニュースリリース（2022 年 4 月 27 日）「第 5 回『SDGs に関する生活者調査』を実施— SDGs の認知率は 8 割超、"Z 世代"は発信・消費・市民活動への参加に積極的」，図表 5
https://www.dentsu.co.jp/news/item-cms/2022016-0427.pdf

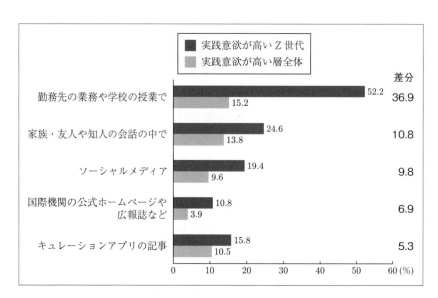

図 1.2　認知経路（差分上位順）[4]

THINK　あなた自身は SDGs をいつ、どのように知りましたか。記憶を辿ってメモしておきましょう。

4)　出所：株式会社電通ニュースリリース（2022 年 4 月 27 日）「第 5 回『SDGs に関する生活者調査』を実施— SDGs の認知率は 8 割超、"Z 世代"は発信・消費・市民活動への参加に積極的」，図表 12
https://www.dentsu.co.jp/news/item-cms/2022016-0427.pdf

最初の問い

　ところで、SDGs を認知しているはずの私たちは、SDGs について理解しているのでしょうか。SDGs とは何なのでしょう。あなたや私にとって、SDGs はどのような意味を持つものなのでしょうか。本論に入る前に、SDGs に関する問いに挑戦してみましょう。SDGs について学び始めようとしている段階では難しい問いもあるかも知れませんが、最初の問いですから気楽に取り組んでください。

Q1.「SDGs」を短縮せずに書くと

Q2.「SDGs」の日本語訳は

Q3. SDGs が合意された時期は

Q4. SDGs が合意された場所は

国名・都市名

場所

会議名称

　この 4 問にはすべて「正解」があります[5]。知ってさえいれば正解できる問いばかりですが、SDGs について学ぶ前であれば知らないことがあって当然ですから、正解しなくても気にする必要はありません。

　では、次はどうでしょうか。

Q5. SDGs が必要な理由は

```
┌─────────────────────────────────────────────────┐
│                                                 │
│                                                 │
│                                                 │
│                                                 │
│                                                 │
└─────────────────────────────────────────────────┘
```

Q6. 現在の我が国の SDGs の達成状況と、達成できる見通しは

```
┌─────────────────────────────────────────────────┐
│                                                 │
│                                                 │
│                                                 │
│                                                 │
│                                                 │
└─────────────────────────────────────────────────┘
```

Q7. SDGs の達成に向けて、力を発揮するのは誰か

```
┌─────────────────────────────────────────────────┐
│                                                 │
│                                                 │
│                                                 │
│                                                 │
│                                                 │
└─────────────────────────────────────────────────┘
```

この3問にスラスラと回答できた方はどのくらいいますか。さきほどの問いに全問正解した方であっても、回答しづらいと感じていたり、回答できたとしても時間がかかったりしたのではないでしょうか。逆に、さきほどは正解しなかったが、今回は自分の意見を述べることができたという方もいるのではないでしょうか。

さらに、本書で考えたいのは、

Q8. 私自身は SDGs にどのような影響を受けているのか

Q9. 私自身は（持続可能な地球に生きる市民として）SDGs にどのように関わるのか

ということです。日常生活のあれこれに心を砕いているときには、**Q8** や **Q9** のようなことを意識することは難しいものですが、だからこそ腰を落ち着けて考える時間を取ることが大切です。社会の構成員である私たちは、社会で起きている出来事について、たとえ無関心でいることができたとしても、無関係でいることはできません。本書では順を追ってこれらの問いについて考えていきます。

---

5) **解答** **Q1.** Sustainable Development Goals **Q2.** 持続可能な開発目標 **Q3.** 2015年9月 **Q4.** 米国ニューヨーク／国連本部／「国連持続可能な開発サミット」

SDGs は誰のものか

```
邦訳：持続可能な開発目標
                          の為の

SUSTAINABLE      Sustainable    ずっと
DEVELOPMENT      Development    発展する
GOALS                          し続けるための
                 Goals         めあて
```

　Sustainable Development Goals の各語の頭文字と、Goals の末尾の s をつなげて、SDGs といいます。日本語では「持続可能な開発目標」と訳されますが、私の授業で解説するときにはあえて語を補い、「持続可能な開発の『為の』目標」と言うようにしています。SDGs は、私たちが直面している課題を全方位的に網羅して取り上げ、国連に加盟している国や地域が合意した大きな大きな目標ではありますが、なるべく平易な表現にして、少しでも理解しやすくしたいと考えるからです。「持続可能な開発『を実現する為の』目標」と言い直すこともあります。

　では、「持続可能な開発」とはどういうことなのでしょうか。語義の通りに読めば「ずっと発展し続けるための（めあて）」といったところですが、内閣官房のウェブサイトにわかりやすい説明が掲載されています[6]。

　　　「持続可能な開発」は、<u>将来の世代のニーズを満たす能力を損なうことなく、現在の世代のニーズを満たすような社会づくり</u>のことを意味しています。即ち、環境の保全、経済の開発、社会の発展を調和の下に進めていくことを意味します。その取組にあたっては、環境保全や資源の過剰利用の抑制の視点とともに、貧困の克服、保健衛生の確保、質の高い教育、性・人種による差別の克服等への配慮が必要とされています。

　　　「持続可能な開発」のためには、一人ひとりが、世界の人々や将来世代、また環境との関係性の中で生きていることを認識し、行動を変革することが必要とされており、そのための教育が、「持続可能な開発のための教育（Education for Sustainable Development 以下「ESD」）」です。ESD の目標は、すべての人が質の高い教育の恩恵を享受し、また、持続可能な開発のために求められる原則、価値観及び行動が、あらゆる教育や学びの場に取り込まれ、環境、経済、社会の面において持続可能な将来が実現できるような行動の変革をもたらすことです。

　この表現は、1987 年の国連「環境と開発に関する世界委員会（the World Commission on Environment and Development、WCED）」の報告書である『我ら共有の未来（Our Common Future）』に沿っています。

　「持続可能な開発」の項に下記のように示されています[7]。

---

[6]　内閣官房ウェブサイト　持続可能な開発のための教育（ESD）
　　https://www.cas.go.jp/jp/seisaku/kokuren/esd/gaiyou.html
　　本文中の下線は筆者による。

[7]　Report of the World Commission on Environment and Development: Our Common Future
　　https://sustainabledevelopment.un.org/content/documents/5987our-common-future.pdf

Humanity has the ability to make development sustainable to ensure that it meets the needs of the present without compromising the ability of future generations to meet their own needs.

（人類には、将来の世代が自らのニーズを満たす能力を損なうことなく、現在のニーズを満たすことができるよう、開発を持続可能なものにする能力がある。）

「将来の世代」、「現代の世代」という表現が出てきましたが、大学生であるあなた自身はいずれの世代に属すると思いますか。以前の授業で質問したところ、学生たちの答えは半々でした。さらに、なぜそう考えるかを訊ねたところ、「若者か大人か」という年代で区分しようとするもの、「学生か社会人か」という職業で区分しようとするもの、「将来の世代とはまだ生まれていない人。現役世代とはすでに生まれ今を生きている人」や「現役世代とは社会を動かす中核となっているリーダー層で、将来世代はこれからそうなる人々」だと定義しようとするものもありました。あなたならどのように考えますか。

人に焦点を当てれば、このような意見が出るのは自然なことだといえるでしょう。しかし、「持続可能な」という語の意味を考えるとき、唯一無二の宇宙船地球号を取扱説明書なしに操縦していかなければならない私たちは、将来にわたって操縦し続けるための方法を考えなければなりません。どのように環境保全と開発を両立するのか、どのように地球の環境を守るのか、どのように継承するのか、という視点が必要です。私たちが現存する世界は、過去の人々から引き継いだものであると同時に、将来世代から預かっているものでもあるのです。どうすればより良い形で継承できるのかを、国際社会は考える努力をしているのです。

国際社会での議論

国際的な協業が進む現代はグローバル化時代であるといわれます。人や物が国境をたやすく越えるだけでなく、情報は瞬時にして世界を駆け巡ります。情報流通に国境は関係ないからです。そして、これは経済活動に限ったことではなく、気候や温室効果ガスに関しても同様です。

ここで、地球環境に関する議論について振り返っておきましょう。環境に関する最初の国際会議とされるのが、113か国が一堂に会して1972年6月にスウェーデンのストックホルムで開催された「国際連合人間環境会議（United Nations Conference on the Human Environment、UNCHE）」です。別名「ストックホルム会議」といわれます。それより前の時代にも個別課題についての国際的な協議はあったものの、基本的には各国の国内問題でした。しかし、先進国の急速な経済発展を背景に、人類共通の問題から目を背けず、共に対処する方針を打ち出したのが、この会議の意義といえるでしょう。テーマに掲げられた「かけがえのない地球（Only One Earth）」は、環境問題が地球規模で共有すべき問題となったことを象徴していました。

会議の成果物の第一は「人間環境宣言（Declaration of the United Nations Conference on the Human Environment）」です。開催地にちなみ、「ストックホルム宣言」とも呼称されます。人間環境の保全と向上に関し、世界の人々を励まし、導くため共通の見解と原則が必要であるとし、前文7項目と原則26項目によって、環境保全に関する諸原則を宣言するものでした。どれも重要なものばかりですが、特に前文6はSDGsにつながる重要なメッセージです。全文は、以下のQRコードから

閲覧することができます。

人間環境宣言（ストックホルム宣言）

英文：https://digitallibrary.un.org/record/523249

和文：https://www.env.go.jp/council/21kankyo-k/y210-02/ref_03.pdf

英文　　　　和文

6. A point has been reached in history when we must shape our actions throughout the world with a more prudent care for their environmental consequences. Through ignorance or indifference we can do massive and irreversible harm to the earthly environment on which our life and well-being depend. Conversely, through fuller knowledge and wiser action, we can achieve for ourselves and our posterity a better life in an environment more in keeping with human needs and hopes. There are broad vistas for the enhancement of environmental quality and the creation of a good life. What is needed is an enthusiastic but calm state of mind and intense but orderly work, For the purpose of attaining freedom in the world of nature, man must use knowledge to build, in collaboration with nature, a better environment. To defend and improve the human environment for present and future generations has become an imperative goal for mankind-a goal to be pursued together with, and in harmony with, the established and fundamental goals of peace and of worldwide economic and social development.

（6）我々は歴史の転回点に到達した。いまや我々は世界中で、環境への影響に一層の思慮深い注意を払いながら、行動をしなければならない。無知、無関心であるならば、我々は、我々の生命と福祉が依存する地球上の環境に対し、重大かつ取り返しのつかない害を与えることになる。逆に十分な知識と賢明な行動をもってするならば、我々は、我々自身と子孫のため、人類の必要と希望にそった環境で、より良い生活を達成することができる。環境の質の向上と良い生活の創造のための展望は広く開けている。いま必要なものは、熱烈ではあるが冷静な精神と、強烈ではあるが秩序だった作業である。自然の世界で自由を確保するためには、自然と協調して、より良い環境を作るため知識を活用しなければならない。現在及び将来の世代のために人間環境を擁護し向上させることは、人類にとって至上の目標、すなわち平和と、世界的な経済社会発展の基本的かつ確立した目標と相並び、かつ調和を保って追求されるべき目標となった。

同時に 109 の勧告から成る「環境国際行動計画」も発表されました。人間環境宣言と環境国際行動計画を実施に移すため、国連には国際連合環境計画（United Nations Environment Programme、UNEP）が設立されました。しかし、地球規模の問題であることが共有されたとはいえ、各国にはそれぞれ向き合うべき重大な課題があり、開発による環境破壊を懸念する先進国と、貧困など人間環境の改善を主張する開発途上国との立場の違いが新たな南北問題を引き起こすことにもなりました。

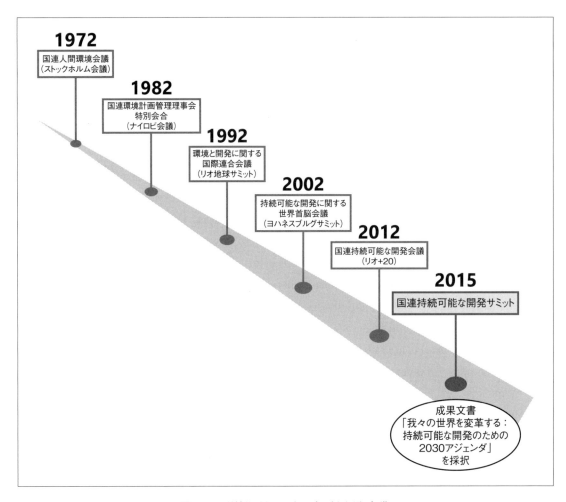

図 1.3 環境問題に関する主要な国際会議

　ストックホルム会議以来、環境問題に関する大規模な国際会議が10年ごとに開催されています（図1.3）。よく知られているのは1992年にブラジルのリオデジャネイロで開催された「環境と開発に関する国際連合会議（United Nations Conference on Environment and Development、UNCED）」でしょう。正式名称よりも「地球サミット（Earth Summit）」という呼称のほうが有名かもしれません。カナダからやってきた、環境保護活動をしている12歳の少女が、のちに「伝説のスピーチ」といわれる演説をし、各国政府代表者などの並みいる大人たちを唸らせました。少女の名前はセヴァーン・カリス＝スズキ。約8分間の演説は現在YouTubeで視聴することができます。

国連広報センター「子どもたちの声に耳を傾けましょう―『国連環境開発会議』
（地球サミット）におけるセヴァーン・スズキさん（カナダ）によるスピーチ
（1992 年 6 月、ブラジル）」
https://youtu.be/T9YaagLB5Fg

THINK　セヴァーン・カリス＝スズキのスピーチを聞きます。どのような印象を持ちましたか。心
に残ったキーワードをメモしておきましょう。

PAIR／GROUP スピーチの感想を話し合ってみましょう。このとき、心に残った表現を紹介すると共に、セヴァーン・カリス＝スズキが指摘した「壊れたら直せないものを、なぜ壊すのですか」という問いについて、身近な例を考えてみましょう。

発言者	心に残った表現、その理由

動画で言及された事例	私たちの身近で起きていること

SHARE クラス全体で共有します。あなた自身の気づきがあれば書き加えておきましょう。

（空欄）

　ここで述べた国際会議の他にも、国際社会は数多くの協議を行い持続可能な開発の実現に向けて協働しようとしています。環境に関するものだけでも国連気候変動枠組条約締約国会議（COP）、京都議定書締約国会合（CMP）、パリ協定締約国会合（CMA）、相当数があります。ニュースメディアを観察していると、実に様々な国際的な協議が行われていることに気づくはずです。

┌─ **本課のまとめ** ─
│ 第 1 課では SDGs 以前の国際社会の動きについて考えました。第 1 課を通して最も強く印象に残ったこととその理由を書き留めておきましょう。
│
│（空欄）
└─

第2課　持続可能な開発目標 SDGs

> **本課の目標**
>
> SDGs の背景について理解したので、今度は SDGs の内容について目を通してみよう。なぜ 17 ものテーマがあるのだろうか。どのようになれば到達したといえるのだろうか。あなた自身の関心あるテーマはなんだろうか。考えてみよう。

国際的な合意

　2015 年にアメリカのニューヨークにある国連本部で開催された「国連持続可能な開発サミット」には、150 を超える加盟国首脳が参加しました。その成果文書として採択されたのが、「我々の世界を変革する：持続可能な開発のための 2030 アジェンダ（Transforming our world: the 2030 Agenda for Sustainable Development）」です。成果文書自体は 91 項目にわたる膨大なものです。この成果文書の中の第 54 項から第 59 項に記述されているものが、現在私たちが持続可能な開発目標、SDGs と呼んでいる 17 のゴールと 169 のターゲットです。

　17 色が円形に配置された「SDGs ホイール」が、バッジとして人々の襟元を飾っているのを見たことがあるでしょうか。17 の目標はそれぞれが単色のアイコンで示されており、SDGs ホイールの色は各目標の色を集めたものです。デザインしたスウェーデン出身のクリエイティブディレクター、ヤーコブ・トロールベック氏は、すべての目標が一つになり、統合されている印象を与えられる、太陽のような形状のものにしたかったのだそうです[1]。SDGs ホイールを含むひとかたまりのロゴマークは、国連の 6 つの公用語（アラビア語・中国語・英語・フランス語・ロシア語・スペイン語）でも展開されており、国連のウェブサイト[2]で言語設定を変更すればページタイトルとして表示されます（口絵 3 参照）。日本国内で目にするのは大半が英語版です。なお、ロゴの中に国連のシンボルマークが組み込まれているものがありますが、これを使用できるのは国連及びその関係機関のみですから、本書では使用することはできません。

SDGs ウェディングケーキモデル

　SDGs のアイコンを集約したポスターには、当初、Sustainable Development Goals という名称のほかに、「世界を変えるための 17 の目標（17 Goals to Transform Our World）」というキャッチコピーが付されていました[3]。Transform の語義は「変革する」です。現状のままではいけないので変革しなければならないという意味が込められています。何を、どうやって変革しようとしているのでしょうか。本課では SDGs の意味について考えます。

---

[1]　サステナブル・ブランド ジャパン　SDGs のロゴをどうデザインしたか──開発者が秘話を明かす 2019.06.17
https://www.sustainablebrands.jp/news/jp/detail/1192914_1501.html

[2]　https://www.un.org/sustainabledevelopment/

[3]　現在、このキャッチコピーは付されていません。

　多くの方がすでにご存じの通り、SDGs には 17 の目標（Goal）があります。カラフルなアイコンで示された目標は記憶に留めやすく、言語を越えて理解しやすいものであろうと思われます[4]。まずは目標について概観しておきましょう（図 2.1）。

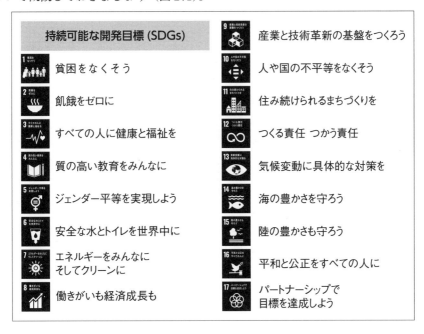

図 2.1　持続可能な開発目標（SDGs）

　羅列された 17 ものアイコンの意味を理解するのはなかなか骨が折れるものですが、これを整理する概念もいくつかあります。まず SDGs ウェディングケーキモデルを確認しておきます。スウェーデンのストックホルム大学にあるストックホルム・レジリエンス・センターが発表したもので、17 の目標があたかも豪華なウェディングケーキのように 3 段構造で示されています（口絵 4 参照）。一番下の大きな段は生物圏（Biosphere）、そのすぐ上に社会（Society）、さらにその上に経済（Economy）が乗っていて、これらを貫く芯にあたる部分が目標 17 という構造です。生物圏とは狭義の環境問題を指します。下の段が成立しなければその上の段は崩れますので、安定した環境があってこそ人類の生活すなわち生命維持活動や社会が成立し、安定した生活を前提にさらなる社会発展に向かうための経済活動が成立することを表しています。そして、国際社会をはじめとする協力関係がどの段階においても重要です。第 1 課で紹介したストックホルム会議や地球サミットは環境問題に関する問題を主要議題としていました。「伝説のスピーチ」を行ったセヴァーン・カリス＝スズキは子どもたちで組織する環境保護活動団体のリーダーとして地球サミットに参加していました。「壊れたら直せないものをなぜ壊すのですか」というメッセージは、ウェディングケーキモデルの下の段だけでなく、中段や上段についての影響も考慮しているように思われます。

SDGs ウェディングケーキモデル動画
https://stockholmuniversity.app.box.com/s/xgubelboms38m0qlhif4si3usp0qc0my

---

[4]　口絵 1、口絵 2 参照。英文、和文で掲載していますので表現を比較してみるのもよいでしょう。

環境、社会、経済という3つの要素はともすれば別々のものと考えられてきましたが、SDGsはこれらすべてを包括し、よりよい形で社会が発展し続けるための必要な要素を、目標という形で示そうとする試みなのです（図2.2）。

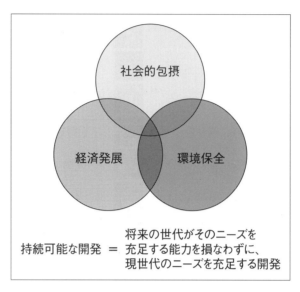

図 2.2 SDGs の 3 要素

5つのP

もう一つ触れておきたいのは「5つのP」です。SDGsを支える要素が、Pで始まる英単語で表されています。人間（People）、豊かさ（Prosperity）、地球（Planet）、平和（Peace）、パートナーシップ（Partnership）です。SDGsウェディングケーキモデルと比較すると、下段の環境は地球に、中段の社会は人間に、上段の経済は豊かさに、それぞれ置き換えてもよさそうに思われます（図2.3）。国際連合広報局はそれぞれのPに該当する目標番号も示していますので、理解の一助となります（表2.1）。

図 2.3 5 つの P[5]

---

5) 出所：国際連合広報局、国際連合広報センター（2016）SDGsを広めたい・教えたい方のための「虎の巻」p.4をもとに筆者改

表 2.1　5 つの P[6)]

5 つの P		意味するもの	該当する目標
People	人間	あらゆる形態と次元の貧困と飢餓に終止符を打つとともに、すべての人間が尊厳を持ち、平等に、かつ健全な環境の下でその潜在能力を発揮できるようにする	1, 2, 3, 4, 5, 6
Prosperity	豊かさ	すべての人間が豊かで充実した生活を送れるようにするとともに、自然と調和した経済、社会および技術の進展を確保する	7, 8, 9, 10, 11
Planet	地球	持続可能な消費と生産、天然資源の持続可能な管理、気候変動への緊急な対応などを通じ、地球を劣化から守ることにより、現在と将来の世代のニーズを充足できるようにする	12, 13, 14, 15
Peace	平和	恐怖と暴力のない平和で公正かつ包摂的な社会を育てる。平和なくして持続可能な開発は達成できず、持続可能な開発なくして平和は実現しないため	16
Partnership	パートナーシップ	グローバルな連帯の精神に基づき、最貧層と最弱者層のニーズを特に重視しながら、すべての国、すべてのステークホルダー、すべての人々の参加により、持続可能な開発に向けたグローバル・パートナーシップをさらに活性化し、このアジェンダの実施に必要な手段を動員する	17

　SDGs ウェディングケーキモデルにも 5 つの P にも共通するのは、一見関わり合わないような観点が互いに密接に関わっていることを図示する姿勢です。前者では高く積み上げる難しさも示唆され、後者ではパズルのピースのように互いを支えあう関係性も表現されています。いずれが欠けても持続可能な開発とはいえないのです。

---

6)　出所：国際連合広報局、国際連合広報センター（2016）　SDGs を広めたい・教えたい方のための「虎の巻」p.4 をもとに筆者改

「私」にとっての 17 の目標

　SDGs の考え方を概観したところで、個別の目標を見てみることにします。まず目標の文言を英文・和文で確認し、ワークに取り組んでみましょう。

THINK　下記に示された各目標と和文を手掛かりに 17 の目標を概観し、表の右列に現時点でのあなたの関心度合いを○で囲ってみましょう[7]。その後、第 1 位～第 3 位を選んでみましょう。

1（関心がない・わからない）→→ 5（強い関心がある）

GOAL番号と GOAL	GOAL 和文	関心度合い
GOAL 1 : NO POVERTY End poverty in all its forms everywhere	**目標 1：貧困をなくそう** あらゆる場所で、あらゆる形態の貧困を終わらせる	1　2　3　4　5
GOAL 2 : ZERO HUNGER End hunger, achieve food security and improved nutrition and promote sustainable agriculture	**目標 2：飢餓をゼロに** 飢餓を終わらせ、食料の安定確保と栄養状態の改善を実現し、持続可能な農業を促進する	1　2　3　4　5
GOAL 3 : GOOD HEALTH AND WELL-BEING Ensure healthy lives and promote well-being for all at all ages	**目標 3：すべての人に健康と福祉を** あらゆる年齢のすべての人々の健康的な生活を確実にし、福祉を促進する	1　2　3　4　5
GOAL 4 : QUALITY EDUCATION Ensure inclusive and equitable quality education and promote lifelong learning opportunities for all	**目標 4：質の高い教育をみんなに** すべての人々に、だれもが受けられる公平で質の高い教育を提供し、生涯学習の機会を促進する	1　2　3　4　5
GOAL 5 : GENDER EQUALITY Achieve gender equality and empower all women and girls	**目標 5：ジェンダー平等を実現しよう** ジェンダー平等を達成し、すべての女性・少女のエンパワーメントを行う	1　2　3　4　5
GOAL 6 : CLEAN WATER AND SANITATION Ensure availability and sustainable management of water and sanitation for all	**目標 6：安全な水とトイレを世界中に** すべての人々が水と衛生施設を利用できるようにし、持続可能な水・衛生管理を確実にする	1　2　3　4　5
GOAL 7 : AFFORDABLE AND CLEAN ENERGY Ensure access to affordable, reliable, sustainable and modern energy for all	**目標 7：エネルギーをみんなにそしてクリーンに** すべての人々が、手頃な価格で信頼性の高い持続可能で現代的なエネルギーを利用できるようにする	1　2　3　4　5
GOAL 8 : DECENT WORK AND ECONOMIC GROWTH Promote sustained, inclusive and sustainable economic growth, full and productive employment and decent work for all	**目標 8：働きがいも経済成長も** すべての人々にとって、持続的でだれも排除しない持続可能な経済成長、完全かつ生産的な雇用、働きがいのある人間らしい仕事（ディーセント・ワーク）を促進する	1　2　3　4　5

[7]　United Nations
https://www.un.org/sustainabledevelopment/sustainable-development-goals/
「SDGs とターゲット新訳 Ver.1.2」（「SDGs とターゲット新訳」制作委員会による上記英文の日本語訳）
https://xsdg.jp/pdf/SDGs169TARGETS_ver1.2.pdf

GOAL 9 : INDUSTRY, INNOVATION, AND INFRASTRUCTURE Build resilient infrastructure, promote inclusive and sustainable industrialization and foster innovation	**目標 9 ：産業と技術革新の基盤をつくろう** レジリエントなインフラを構築し、だれもが参画できる持続可能な産業化を促進し、イノベーションを推進する	1	2	3	4	5
GOAL 10 : REDUCED INEQUALITIES Reduce inequality within and among countries	**目標 10 ：人や国の不平等をなくそう** 国内および各国間の不平等を減らす	1	2	3	4	5
GOAL 11 : SUSTAINABLE CITIES AND COMMUNITIES Make cities and human settlements inclusive, safe, resilient and sustainable	**目標 11 ：住み続けられるまちづくりを** 都市や人間の居住地をだれも排除せず安全かつレジリエントで持続可能にする	1	2	3	4	5
GOAL 12 : RESPONSIBLE CONSUMPTION AND PRODUCTION Ensure sustainable consumption and production patterns	**目標 12 ：つくる責任つかう責任** 持続可能な消費・生産形態を確実にする	1	2	3	4	5
GOAL 13 : CLIMATE ACTION Take urgent action to combat climate change and its impacts	**目標 13 ：気候変動に具体的な対策を** 気候変動とその影響に立ち向かうため、緊急対策を実施する	1	2	3	4	5
GOAL 14 : LIFE BELOW WATER Conserve and sustainably use the oceans, seas and marine resources for sustainable development	**目標 14 ：海の豊かさを守ろう** 持続可能な開発のために、海洋や海洋資源を保全し持続可能な形で利用する	1	2	3	4	5
GOAL 15 : LIFE ON LAND Protect, restore and promote sustainable use of terrestrial ecosystems, sustainably manage forests, combat desertification, and halt and reverse land degradation and halt biodiversity loss	**目標 15 ：陸の豊かさも守ろう** 陸の生態系を保護・回復するとともに持続可能な利用を推進し、持続可能な森林管理を行い、砂漠化を食い止め、土地劣化を阻止・回復し、生物多様性の損失を止める	1	2	3	4	5
GOAL 16 : PEACE, JUSTICE AND STRONG INSTITUTIONS Promote peaceful and inclusive societies for sustainable development, provide access to justice for all and build effective, accountable and inclusive institutions at all levels	**目標 16 ：平和と公正をすべての人に** 持続可能な開発のための平和でだれをも受け入れる社会を促進し、すべての人々が司法を利用できるようにし、あらゆるレベルにおいて効果的で説明責任がありだれも排除しないしくみを構築する	1	2	3	4	5
GOAL 17 : PARTNERSHIPS Strengthen the means of implementation and revitalize the Global Partnership for Sustainable Development	**目標 17 ：パートナーシップで目標を達成しよう** 実施手段を強化し、「持続可能な開発のためのグローバル・パートナーシップ」を活性化する	1	2	3	4	5

THINK　あなたが上記のように考えたのはなぜですか。なぜその目標に関心を持ったのでしょうか。なにかきっかけはありましたか。振り返ってみましょう。

PAIR／GROUP　自分の考えをグループワークで自由に話してみましょう。また、他の学生の関心事を聞いて気づいたことをメモしておきましょう。もし新たに思い出したことなどあれば、メモを追加しておきましょう。

発言者	関心を持った目標	コメントの要点

SHARE　クラス全体で共有し、より多くの人にあなたの意見を紹介したり、他の学生の意見に耳を傾けてみましょう。

REFLECTION　あなたと同じ点に着目した人はいましたか。あなたが知らなかったり気に掛けていなかったりした点に着目した人はいましたか。どのような理由が挙げられていますか。意見交換をして、あなたはどのようなことに気づきましたか。忘れないうちに書き留めておきましょう。

　SDGs についての関心の向かい方を確認したところで、より深い理解の段階に進めていきます。さきほどのワークでは、あなたの関心の度合いを訊ね、それについてクラスメイトとシェアしました。このとき、あなたは既有の知識や価値観で各目標を判定し、関心の度合いという結論を出したものと考えらえます。私たちは日常的に過ごす社会の価値観に支配されていますから、社会環境が変われば考え方も影響を受けることは想像に難くありません。

　SDGs は国連で合意されたものですが、より正確に表現するならば、国連で合意された「Transforming our world: the 2030 Agenda for Sustainable Development（我々の世界を変革する：持続可能な開発のための 2030 アジェンダ）」という 91 項目から成る文書の中の第 54 項から第 59 項の部分を指します。記述の前提になるのは国際社会の基準です。目標 4 を例にとって示します。目標 4 のアイコンにある文字は「Quality Education」、和文では「質の高い教育をみんなに」です。「質の高い教育」からあなたはどのような教育をイメージしますか。良い学校へ進学する、良い成績を取る、自分に合った学習方法を選択できる、などを挙げる人もありますが、本当にそうでしょうか。

　これを理解するためには、アイコンだけでなく、目標 4 についての記載を確認する必要があります。本書巻末に「SDGs　17 の目標と 169 のターゲット」を掲載していますので確認してみましょう。

　目標 4 の説明文には、

　Ensure inclusive and equitable quality education and promote lifelong learning opportunities for all
　（すべての人々に、だれもが受けられる公平で質の高い教育を提供し、生涯学習の機会を促進する）

とあります。アイコンに書かれていない「だれもが受けられる」、「公平で」、「提供し」、「生涯学習の機会を促進する」は何を表しているのでしょうか。これを知るためには、各目標の下に位置づく「ターゲット」を見る必要があります。

目標4
すべての人々に、だれもが受けられる公平で質の高い教育を提供し、生涯学習の機会を促進する

4.1　2030年までに、すべての少女と少年が、適切で効果的な学習成果をもたらす、無償かつ公正で質の高い初等教育・中等教育を修了できるようにする。

4.2　2030年までに、すべての少女と少年が、初等教育を受ける準備が整うよう、乳幼児向けの質の高い発達支援やケア、就学前教育を受けられるようにする。

4.3　2030年までに、すべての女性と男性が、手頃な価格で質の高い技術教育や職業教育、そして大学を含む高等教育を平等に受けられるようにする。

4.4　2030年までに、就職や働きがいのある人間らしい仕事、起業に必要な、技術的・職業的スキルなどの技能をもつ若者と成人の数を大幅に増やす。

4.5　2030年までに、教育におけるジェンダー格差をなくし、障害者、先住民、状況の変化の影響を受けやすい子どもなど、社会的弱者があらゆるレベルの教育や職業訓練を平等に受けられるようにする。

4.6　2030年までに、すべての若者と大多数の成人が、男女ともに、読み書き能力と基本的な計算能力を身につけられるようにする。

4.7　2030年までに、すべての学習者が、とりわけ持続可能な開発のための教育と、持続可能なライフスタイル、人権、ジェンダー平等、平和と非暴力文化の推進、グローバル・シチズンシップ（＝地球市民の精神）、文化多様性の尊重、持続可能な開発に文化が貢献することの価値認識、などの教育を通して、持続可能な開発を促進するために必要な知識とスキルを確実に習得できるようにする。

4.a　子どもや障害のある人々、ジェンダーに配慮の行き届いた教育施設を建設・改良し、すべての人々にとって安全で、暴力がなく、だれもが利用できる、効果的な学習環境を提供する。

4.b　2020年までに、先進国やその他の開発途上国で、職業訓練、情報通信技術（ICT）、技術・工学・科学プログラムなどを含む高等教育を受けるための、開発途上国、特に後発開発途上国や小島嶼開発途上国、アフリカ諸国を対象とした奨学金の件数を全世界で大幅に増やす。

4.c　2030年までに、開発途上国、特に後発開発途上国や小島嶼開発途上国における教員養成のための国際協力などを通じて、資格をもつ教員の数を大幅に増やす。

　各ターゲットの記述から浮かび上がってくるのは、

- 初等教育や中等教育を受けることができない子どもたちがいること（4.1）
- 教育機会が男女で区別されている場合があること（4.1他）
- 初等教育を受ける準備が整わない場合があること（4.2）
- 技術教育、職業教育、高等教育の機会が平等でない場合があること（4.3）

など、教育機会を確保することです。日本社会の文脈で想起する「質の高い教育」とは、少し違うのではないでしょうか。

　SDGsが取り上げているのはグローバルイシュー（世界的な問題）です。日常的に日本で生活している私たちにとっては遠いことのように感じても無理はないのですが、グローバルイシューの視点から設定されている目標でありターゲットであることは理解しておく必要があります。ここでは目標4を例にとって示しましたが、あなたが関心を持った目標について熟読してください。その結果、前問で感じていた理由が変わった場合には、どのように変わったかもメモしておくとよいでしょう。

THINK 巻末の「SDGs　17 の目標と 169 のターゲット」を見て、あなたが強く関心を持った
目標を読みましょう[8]。想定した内容通りでしたか。あてはまるものを丸で囲んでおきましょう。

| 想定した通り　／　想定と違う点がいくつかあった　／　想定とはまったく異なっていた |

PAIR／GROUP 同じ目標に関心を持つクラスメイトと意見交換してみましょう。

目標の番号	発言者	コメント

SHARE クラス全体で共有し、より多くの人にあなたの意見を紹介したり、他の学生の意見に耳
を傾けてみましょう。

---

[8]　より詳しく知りたい場合には、「Transforming our world: the 2030 Agenda for Sustainable Development（我々の世界を
変革する：持続可能な開発のための 2030 アジェンダ）」にアクセスするとよいでしょう。
英語版：https://www.un.org/ga/search/view_doc.asp?symbol=A/RES/70/1&Lang=E
日本語版：https://www.mofa.go.jp/mofaj/files/000101402.pdf

REFLECTION あなたと同じ点に着目した人はいましたか。あなたが知らなかったり気に掛けていなかったりした点に着目した人はいましたか。どのような理由が挙げられていますか。意見交換をして、あなたはどのようなことに気づきましたか。忘れないうちに書き留めておきましょう。

どの問題から解決すべきなのか

　SDGsには達成目標時期が設けられています。2015年に合意され、2030年までに達成することを目指しています。それでは、地球の健康を脅かす数多くの課題にはどこから手をつければよいと思いますか。あるいは、着手すべき妥当な順序というものはそもそもあるのでしょうか。

　SDGsには17の目標と169のターゲットがありますが、順を追ってひとつひとつ進めていくことはそもそも想定されていません。そのような進め方が現実的でないことは想像に難くありません。複数のことを同時に進めていくほうが効率的な場合もあるでしょう。また、ある行動の結果が別の行動に影響することもあるでしょう。SDGsも同様です。目標やターゲットは相互に影響し合っているとの前提に立ち、すべてを同時に取り組むものです。できる人ができることを進めるものと考えます。ここで思い浮かべてほしいのは、桶や樽の構造です。複数の側板がたがねで強固に締め付けられ、液体を漏らさない容器が出来上がります。大きな容器であればあるほど、たくさんの液体を溜めることができます。しかし、もし側板が1枚でも短ければどうでしょうか。液体は最も短い側板の高さまでしか溜めることはできないはずです。

　SDGsの考え方もこれに似ています。17の目標がすべて達成されてこそ、SDGsが達成されたといえるのです。つまりSDGsとは「すべて達成できるか、すべて達成できないか」の二択なのです。達成できた先にあるのは持続可能な開発をより遠い未来まで続けられること、達成できなかった場合には、地球の衰退や破壊が現実的な危機として迫ってきます。第1課で紹介した「伝説のスピーチ」を行ったセヴァーン・カリス＝スズキは、「壊れたら直せないものをなぜ壊すのですか」と大人たちに問いかけました。壊れたら直せない唯一無二の存在である私たちの地球を、将来の世代に受け継いでいくために、あなたや私は何をするかを考える必要があるのです。演説が行われた1992年からすでに30年以上が経過しています。現在の私たちはこの演説を過去の懸念であるといえるのでしょうか。その後、状況はどのように変化してきているのでしょうか。新たな問題は2023年時点でも収束しない新型コロナウイルス感染症でしょう。流行が始まった当初の2020年4月20日、国際マザーアース・デーに国際連合のアントニオ・グテーレス事務総長が行ったスピーチがあります。動画を見てみましょう。

国際連合広報センター　国際マザーアース・デーに寄せるアントニオ・グテーレス
国連事務総長ビデオ・メッセージ（ニューヨーク、2020 年 4 月 22 日）
https://youtu.be/56FQgcUB0hg

　このスピーチについて報じる国連の記事があります。英文なので抄訳を添えて紹介します。新型コ
ロナウイルス感染症の世界的大流行を、グテーレス事務総長は「an unprecedented wake-up call」
と表現しました[9]。Unprecedented とは、precedented（先例のある）でない、つまり「前代未聞の」
という意味です。Wake-up call は一般的には「モーニングコール」を想起しやすいでしょうが、こ
こでは注意喚起や警鐘とするのが適切でしょう。人類はかつてない危機に見舞われており、この感染
症の大流行は「これまで経験したことのない私たちへの警鐘」だと述べたのです。

● 国際マザーアース・デーに寄せるアントニオ・グテーレス国連事務総長ビデオ・メッセージ ●

　Recognizing the "immediate and dreadful" impact of the coronavirus, the UN chief urged
everyone to "work together to save lives, ease suffering and lessen the shattering economic and
social consequence".

　At the same time, he observed that climate disruption is approaching "a point of no return",
and a "deep emergency" that long predates the pandemic.

　"Greenhouse gases, just like viruses, do not respect national boundaries", stated the top UN
official. "We must act decisively to protect our planet from both the coronavirus and the
existential threat of climate disruption".

　Emphasizing the need to turn the recovery into "a real opportunity to do things right for the
future", he proposed climate-related actions to shape the recovery.

　While spending huge amounts of money to bring economies back, Mr. Guterres asserted, "we
must deliver new jobs and businesses through a clean, green transition".

　And where taxpayers' money is used to rescue businesses, he maintained that it needs to be
tied to achieving green jobs and sustainable growth.

　He also underscored that to make societies more resilient, "fiscal firepower must drive a shift
from the grey to green economy".

　The UN chief maintained that Fossil fuel subsidies must end, polluters must pay for their
contamination and public funds should be invested in sustainable sectors along with pro-
environment and climate projects.

　Moreover, climate risks and opportunities must be incorporated into financial systems, public
policy making and infrastructure.

　Finally, he stressed the "we need to work together as an international community".

　"On this Earth Day, please join me in demanding a healthy and resilient future for people and
planet alike", he concluded.

　国連事務総長は新型コロナウイルスの「即時的で恐ろしい」影響を認識し、「人命を救い、苦
しみを和らげ、経済的・社会的な影響を軽減するために協力する」ことを呼びかけた。
　その一方で、気候変動は「ポイント・オブ・ノーリターン（引き返せない点）」に近づいてお
り、パンデミックよりもずっと前から存在する「深刻な緊急事態」であると指摘した。
　「温室効果ガスには、ウイルスの場合と同様に国境は関係ないものだ。我々は新型コロナウイ
ルスと気候変動の脅威から地球を守るために、断固とした行動を取らなければならない」。

[9]　United Nations UN News, 22 April 2020
　　　https://news.un.org/en/story/2020/04/1062322

彼は「未来のために正しいことをする真の機会」にする必要性を強調し、復興させるための気候関連の行動を提案した。

　グテーレス氏の主張はこうだ。経済を回復させるために莫大な資金を費やす一方で、「クリーンでグリーンな移行を通じて、新たな雇用とビジネスを提供しなければならない」し、企業を救済するために税金を使う場合は、グリーンな雇用と持続可能な成長の実現に結びつける必要がある。社会の回復力を高めるためには、「財政力がグレー経済からグリーン経済への移行を促進する必要がある」と強調し、化石燃料への補助金を廃止し、汚染の加害者はその汚染を償うべきであり、公的資金は環境や気候に配慮したプロジェクトと共に、持続可能な分野に投資されるべきであると主張した。さらに、気候変動のリスクと可能性を、金融システム、公共政策立案、インフラに組み込む必要がある。

　最後に、「私たちは国際社会として協力する必要がある」と強調し、「アースデイの今日、人と地球のために健全で回復力のある未来を共に求めよう」と締めくくった。（抄訳筆者）

　警鐘を受け止めるべきなのは世界市民である私たち一人ひとりです。では、何についての警鐘なのでしょうか。国連をはじめとする国際社会の指導者たちは、共通する問題に立ち向かっています。それは、Mother Earth（万物の母なる地球）と表現される、唯一無二の存在であるはずの地球が健康でないという問題です。地球の健康（Planetary Health）が損なわれている——この危機感は今に始まったことではありません。

　このメッセージが発信されたのは 2020 年 4 月 22 日です。SDGs が合意されてからすでに 5 年が経過した時点での wake-up call。いったい私たちはいつまで「眠って」いるのでしょうか。

本課のまとめ

第 2 課では SDGs の目標について考え、ターゲットに目を通し、あなたにとっての関心事を掘り下げました。第 2 課での活動を通して、最初の問い Q5 に対するあなたの意見をまとめておきましょう。根拠となるデータや経験があれば、合わせて挙げておきましょう。

Q5. SDGs が必要な理由は

第3課　地球市民として生きる

本課の目標

「宇宙船地球号」の乗員構成は現在どのような状態だろうか。日本では昨今人口減少が問題視されているが、他国はどのような状況だろうか。

混みあってきた宇宙船地球号

　2022年11月下旬にあるニュースが世界を駆け巡りました。地球上の人口が80億人を突破したのです。フラーが宇宙船地球号の比喩を用いた1969年の人口は約38億人でした。50余年のうちに2倍以上に増加しました。日本では人口減少が問題となっているのに、世界人口は増えているのはなぜでしょうか。図3.1は地域別の人口推移を示したものですが、アジアとアフリカで人口が増加していることが見て取れます。

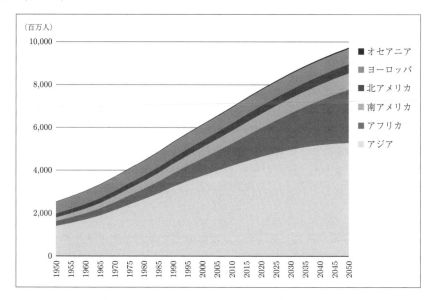

図3.1　世界人口の推移[1]

　まず、人口転換モデルを用いて説明します（図3.2）。人口の増減にはステージがあります。第一のステージは多産多死です。衛生状態が悪く、生まれた命が不幸にして早く失われてしまうような状態では、子孫を残す可能性を高めるために多産となります。しかし衛生状態が改善すれば、乳幼児死亡率は低下し、乳幼児以外の年代でも死亡率は低下するので、少死となります。これが第二のステー

---

[1]　出所：総務省統計局　世界の統計 2022
https://www.stat.go.jp/data/sekai/0116.html
第2章より筆者作成

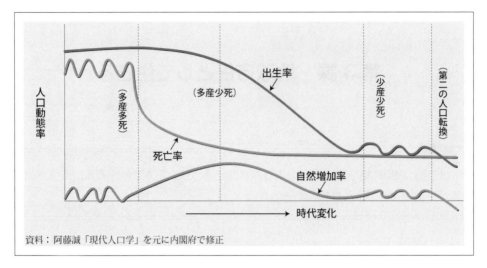

図3.2　人口転換モデル[2]

ジである多産少死です。第一のステージでは出生数と死亡数はいずれも多いため、人口はある種の均衡を保ちます。その後、出生数は多いが死亡数は少ない状態に徐々に遷移し、第二のステージに至ります。この過程で人口は徐々に増えていきます。生産力も消費力も高くなるため、経済が成長します。この状態を「人口ボーナス」と呼びます。

　人口が増えて経済が成長し社会が安定してくると、子孫を残せる確率が高くなりますので、かつてほど多くの子どもを産む必要性が薄れ、第三のステージである少産少死となります。このとき、人口は高い水準で安定するようになります。ところが、年数の経過とともに平均年齢が上がり、社会が高齢化します。ただし、少産の傾向が急速に進むと年代別の均衡が取れなくなり、若年層の人口が相対的に減ります。この状態が少子化です。日本では数十年前から少子化の懸念が語られていますが、社会の状態がよくなったために多くの子どもを産む必要がなくなったということでもあります。

　ところが、生物には寿命があり、どれほど元気な方でもいつかは死が訪れます。高齢化が進むと死亡数が増えることとなり、第四のステージである少産多死となります。総人口は減り始め、老年人口の割合が高くなり、生産年齢人口の割合は低くなる方向に向かいます。そのため経済成長にとってはマイナスの影響が出ます。これを「人口オーナス」と呼びます。図3.1からは、人口が増加しているアジアやアフリカは多産少死のステージにあり、それ以外の地域（北アメリカ、南アメリカ、ヨーロッパ、オセアニア）は人口増加が比較的ゆるやかなステージにあることが見てとれます。グラフではわかりにくいのですが、ヨーロッパは2025年以降は人口減少トレンドを示します。なお、地域全体の状況と、その中に含まれる各国の状況が異なる場合があることには留意しておく必要があります。

THINK 地球人口が増えると、地球環境にはどのような変化が生じるでしょうか。まずはひとりで
自由に考えてみましょう。

PAIR／GROUP 全員の意見を共有しましょう。さらに、その変化が数十年続くとどのような問
題が起こると予想しますか。グループで話し合ってみましょう。

THINK 地球人口が増えると、経済活動にはどのような変化が生じるでしょうか。まずはひとりで
自由に考えてみましょう。

PAIR／GROUP 全員の意見を共有しましょう。さらに、その変化が数十年続くとどのような問題が起こると予想しますか。グループで話し合ってみましょう。

人口転換モデルと高齢化社会

　世界全体で見ると、2022 年時点では 15 歳未満の若年層は 25％、15 歳から 64 歳までの生産年齢人口は 65％、65 歳以上の老年層は 10％です[3]。日本はそれぞれ 12％、59％、29％です。国連人口基金が提供している World Population Dashboard では、各国の状況や世界全体の状況を知ることができます。

World Population Dashboard
https://www.unfpa.org/data/world-population-dashboard

　各国が人口転換モデルのどのステージにあるかは一様ではなく、国や地域により異なります。日本では、明治維新以前が第一ステージ（多産多死）、明治から昭和 30 年代半ばまでが第二ステージ（多産少死）、それ以降が第三ステージ（少産少死）であると考えられています。理論的には第三ステージに入ると人口動態は安定するものと考えられていました。しかし、欧米諸国では第三ステージでの出生率低下が見られるようになりました。出生率が人口置換水準を下回ると、人口は減少トレンドに入ります。その先には社会全体の高齢化による「少産多死」のステージが来ることが確度高く予想されます。

　日本では人口が減少しているのに、地球全体の人口が増えている理由は、第二の多産少死のステージにある国で人口が爆発的に増えているからです。図 3.3 は若年層の割合が多いほど色が濃くなるように著した世界地図です。図 3.4 は高齢者の割合を示しています。アフリカ、中でもサハラ砂漠以南の国々には若年層の割合が高い国が多くあり、逆に欧米やオーストラリアや日本では高齢化が進んでいることがわかります。つまり、図 3.3 中に濃色で示された国や地域では、人口が増えているか今後増えることが予測され、人口ボーナス期を迎えて生産力も消費力も高くなって国の経済が成長します。逆に図 3.4 中に濃色で示された地域では人口減少が進み、経済成長にマイナスの影響が出るとさ

---

[3]　United Nations Population Fund, World Population Dashboard, Population aged 0-14, per cent, 2022

れる人口オーナス期に向かっていくものと考えられます。これらの総和として地球人口が増えており、宇宙船地球号の人口密度は高くなる一方です。この傾向はまだ続き、2050 年には 97 億人を超過し、2080 年代には約 104 億人でピークに達し、その後は 2100 年まで同水準で推移すると予測されています。

　日本は高齢化が進んでいるといわれます。65 歳以上人口が総人口に占める割合を高齢化率といい、高齢化率が 7 ％を超えた社会を高齢化社会と呼びますが、14％を越えると「化」が取れ、高齢社会となります。21％を超えると超高齢社会です。2022 年時点での日本の高齢化率は 28.9％なので、日本は超高齢社会の基準値を大幅に上回る「超超高齢社会」であるという意見もあります。日本の高齢化率は現在のところ他のどの国よりも高くなっています。

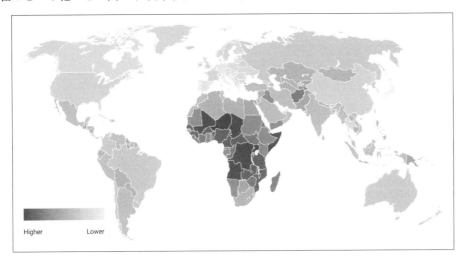

図 3.3　若年層の割合が多い国や地域[4]

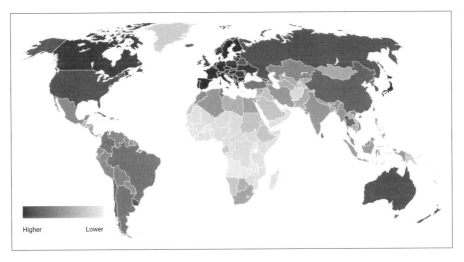

図 3.4　高齢者の割合が多い国や地域[5]

[4]　出所：United Nations Population Fund, World Population Dashboard, Population aged 0-14, per cent, 2022
https://www.unfpa.org/data/world-population-dashboard
[5]　出所：United Nations Population Fund, World Population Dashboard, Population aged 65+, per cent, 2022
https://www.unfpa.org/data/world-population-dashboard

THINK　高齢化率が高くなると、社会にはどのような変化が生じるでしょうか。日本を念頭に置いて
考えてみましょう。裏付けるデータや考えられる事例があれば合わせて探してみましょう。

PAIR／GROUP　全員の意見を出し合い、どのような意見があるかを見てみましょう。全員で協
力し、環境、社会、経済の3側面に分類してみましょう。

環境	社会	経済

地球環境の限界

　奇跡の星である地球には予備はありませんし、表面積や体積が増えるわけでもありません。増加する世界人口が営む暮らしや経済活動は規模を増し、地球環境はそれを支えきれなくなってきています。かつて、地球上の人口がまだ少なかった頃には「大きな地球の小さな社会」といえる状態でした。豊かな水や緑あふれる環境に抱かれて、人々が暮らしを営んでいました。しかし、人口増加や文明の発達、経済の発展などによって、地球は相対的に小さくなり、人間の暮らしや経済活動は大きくなっています。「小さな地球の大きな社会」です。グローバルフットプリントネットワーク[6]の計算によると、もし地球上のすべての人が、日本と同じ生活をすれば、必要となる地球の数は 2.8 個分です。GDP 第 1 位の米国の場合は 5.0 個分、第 2 位の中国だと 2.2 個分、日本は第 3 位ですが中国より多い 2.8 個分です。世界全体でも 1.7 個分なので、世界全体で考えても 1 を越えてしまっているということは、人間は地球を少しずつ蝕みながら社会を維持しようとしているといえるでしょう。第 1 課で紹介した SDGs ウェディングケーキモデルでは、下段は環境、中段は社会、上段が経済でした。豊かな環境があってこそ社会や経済が成り立つというモデルの意味と、現在の状況はすでに合致しなくなっています。

　グローバルフットプリントネットワークでは、人間が活動することによって自然環境に与える影響をエコロジカル・フットプリント（Ecological Footprint）、実際に利用できる土地と海の面積をバイオキャパシティ（Biocapacity）として、世界や国ごとなどの単位で影響の総量を算出し、エコロジカル・フットプリントをバイオキャパシティで除したものを、必要な地球の個数という考え方で示しています。

　ここであなたの一日を思い返してください。目覚めてから眠るまでにどんな活動をしていますか。何を身に着け、何を食べ、何を使っていますか。そのすべてが何らかの原材料で作られたものを活用し、何らかのエネルギーを消費して作られているはずです。栽培、採取、加工、輸送、流通、販売などのすべての工程に何らかの資源が使われています。この考え方を開発したマティース・ワケナゲル博士が率いるグローバル・フットプリント・ネットワークのウェブサイトでは、動的コンテンツでデータを見ることができます。

あなたが与える影響は？　計算してみよう。
（What is your impact?　Calculate your Ecological Footprint and personal Overshoot Day.）
https://www.footprintcaluculator.org/home/en

　図 3.5 は世界全体でのエコロジカル・フットプリントとバイオキャパシティの推移を示したものです。縦軸は「必要となる地球の数」なので、バイオキャパシティは縦軸のメモリ 1 に沿っています。折れ線で示されているエコロジカル・フットプリントは、年代とともに増加しています。2 本の折れ線で囲まれた範囲は、必要となる地球の数が 1 以下であれば▨、それ以上であれば警告の■で塗られています。1970 年を境に、▨は■に転じ、増加傾向にあります。2018 年時点では、1.75 個の地球が必要となっています。

---

[6]　2003 年設立の国際的 NPO。
https://www.footprintnetwork.org/

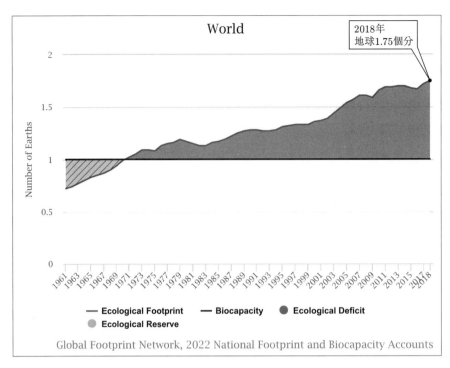

図 3.5　エコロジカル・フットプリント（世界・1961 年〜 2018 年）[7]

　アジアと日本はどうでしょうか。同様に見てみましょう。アジア全体では▨▨から▰▰に転じるの
は 2004 年のこと、そして日本では 1963 年です。実は先進国である国々の数値は 1961 年以前からす
でに 1 を上回っています。日本の場合は、戦後復興からの高度経済成長期の只中である 1963 年前後
に 1 を上回りました。東京オリンピック（1964 年）や大阪での万国博覧会（1970 年）といったイベ
ントもあり、経済活動が一層活発になった時期です。

---

7)　Global Footprint Network, Country Trends
https://data.footprintnetwork.org/#/countryTrends?cn=5001&type=earth
を改変して作成。この図はクリエイティブ・コモンズ表示 – 継承 4.0 国際ライセンスの下に提供されています。

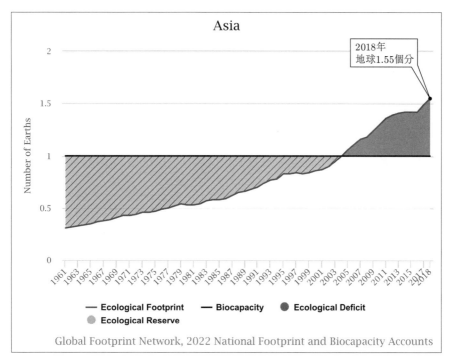

図 3.6　エコロジカル・フットプリント（アジア・1961 年〜 2018 年)[8]

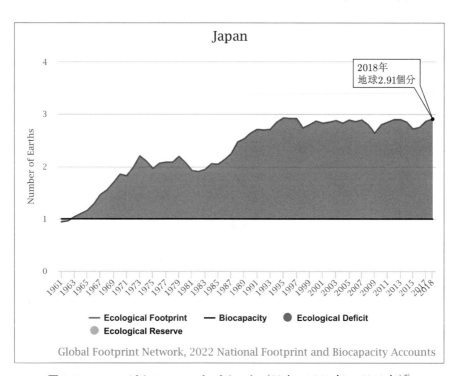

図 3.7　エコロジカル・フットプリント（日本・1961 年〜 2018 年)[9]

8)　Global Footprint Network, Country Trends
https://data.footprintnetwork.org/#/countryTrends?type=earth&cn=2001
を改変して作成。この図はクリエイティブ・コモンズ表示 – 継承 4.0 国際ライセンスの下に提供されています。
9)　Global Footprint Network, Country Trends
https://data.footprintnetwork.org/#/countryTrends?type=earth&cn=110
を改変して作成。この図はクリエイティブ・コモンズ表示 – 継承 4.0 国際ライセンスの下に提供されています。

参考までに、表3.1には先進国であるG7、G20各国のエコロジカル・フットプリント（2017年）を紹介しておきます。ここでは一覧表の形式にしましたが、前述の図と同様、Global Footprint Networkのウェブサイト（https://data.footprintnetwork.org）ではグラフを見ることができます。特にG7の国々はグラフの開始時である1961年時点で、日本を除くすべての国が数値1を上回っていますが、ドイツやイタリアでは近年エコロジカル・フットプリントを抑制し、減少トレンドにあります。

表3.1 G7、G20各国のエコロジカル・フットプリント（2017年）

	カナダ	Canada	5.05
	米国	United States of America	5.03
	ドイツ	Germany	2.94
G7	日本	Japan	2.91
	フランス	France	2.88
	イタリア	Italy	2.76
	英国	United Kingdom	2.63
	オーストラリア	Australia	4.55
	韓国	Korea, Republic of	3.86
	サウジアラビア	Saudi Arabia	3.61
	ロシア	Russia	3.43
	中国	China	2.32
	トルコ	Turkey	2.20
G20	アルゼンチン	Argentina	2.07
	南アフリカ	South Africa	1.97
	ブラジル	Brazil	1.76
	メキシコ	Mexico	1.64
	インドネシア	Indonesia	1.04
	インド	India	0.75
	欧州連合	European Union	N/A

（Global Footprint Network, Country Trends より筆者作成）[10]

---

[10] Global Footprint Network, Country Trends
https://data.footprintnetwork.org/#/countryTrends?cn=5001&type=earth

THINK　図3.5〜3.7を見て、なぜこの現象が起きているのか、背景を考えてみましょう。あなたが関心のある分野（例えば科学、医療、経済、教育など）に絞って考えてみましょう。

PAIR／GROUP　グループで意見交換してみましょう。どのような意見がありましたか。気になった点をメモしておきましょう。

　「小さな地球の大きな社会」では、大きな社会が排出するエコロジカル・フットプリントを増やし、小さな地球が吸収・再生するバイオキャパシティにつり合わなくなり、地球規模の深刻な問題が生じています。地球環境の限界（Planetary Boundaries）です。「伝説のスピーチ」を行ったセヴァーン・カリス＝スズキは「壊れたら直せないものを、なぜ壊すのですか」と大人たちに問いかけました（図3.8）。「大きな地球の小さな世界」であった頃には、地球が有限であることを考える必要はなかったのでしょう。しかし現在の状況は過去とは異なる「小さな地球の大きな世界」です。有限の地球で、無限の発展をすることはできません。資源の不足や環境破壊は現実に存在している問題です。地球環境はすでに限界を越えてしまっているのです。

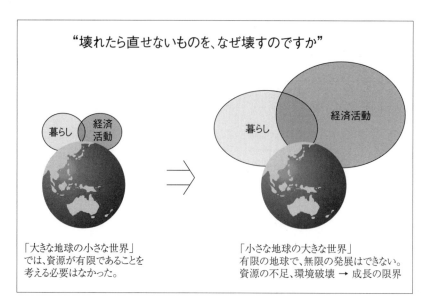

図3.8 Planetary Boundaries（地球環境の限界）

REFLECTION あなたが関心を持っている事柄に関して、世界人口の増加はどのように影響しますか。どのような問題が起こりますか。また、それを防ぐ方法はありますか。グループワークやクラス全体での意見を聞き、あなたが気づいた点を書き留めておきましょう。

起こり得る問題	防ぐ方法

世界の様子を見てみよう

　少子化や高齢化は社会のある側面を表現する要素ではあるものの、すべてをここに収れんさせることはできません。世界の各地に合計 80 億人もの人々がいて、それぞれが日々を営んでいることを思えば、「A 国は B である」のように一言でまとめるのが難しいであろうことは容易に想像がつくでしょう。

　情報化社会の恩恵を受けて、私たちは日本にいながらにして世界の様子を垣間見ることができます。ここで使用するのは Dollar Street（ドル・ストリート）というウェブサイトです。街路に沿って家屋が収入順に並んでいるという設定です。誰もが街路のどこかに住んでいます。最も貧しい人々は画面の左側に、最も裕福な人々は右側に、他の人々はその間のどこかに住んでいます。テーマや地域を指定して、写真や動画で生活の様子を知ることが可能です。操作方法は多言語で確認することができます。発明したアンナ・ロスリング・ロンランド氏 [11] は「実際に旅行することなく、各地で人々がどのように生きているかを自分で確認できる」という利点を紹介しています。

 ドル・ストリート
https://www.gapminder.org/dollar-street

THINK　まずは自分の関心のおもむくままにドル・ストリートを自由に歩き回ってみましょう。テーマ、地域、収入を手掛かりに写真や動画を参照することができます。同じ国の中でも収入によって状況が違うことにも留意しましょう。

PAIR／GROUP　指定されたテーマ（トイレ、コンロ、飲料水のいずれか）について、ドル・ストリートで観察してみましょう。どのようなことに気づきましたか。グループで意見交換してみましょう。

---

11)　　Anna Rosling Ronnlund はギャップマインダー財団の共同創設者のひとりである。

PAIR／GROUP 前問での議論を経て、もしあなたがその環境で生活するとしたら、どのような
ことに注意しますか。自由に話し合ってみましょう。

本課のまとめ

第3課では「宇宙船地球号」の近年の混み具合や乗員の構成、様子を知るための活動を行いま
した。いくつかの新たな気づきを得たことと思います。あなたはどの点において、どのような
感想を持ちましたか。あなた自身の考えに変化はありましたか。記憶が新鮮なうちに意見をま
とめておきましょう。

第4課　人類と地球の健康

本課の目標

前課に引き続き「宇宙船地球号」の現状について考える。SDGs は地球の健康を取り戻すために必要な指標だと考えられるが、近年の健康状態はどのようなものなのだろうか。

地球の健康は損なわれ続けている

　地球の健康状態の指標となるものは何でしょうか。SDGs は「持続可能な開発目標」です。「持続可能な」とわざわざいわなければならないのは、地球の現状が「持続不可能」であるからに他なりません。地球の状態を人間の健康状態と関連付けたのが、医学雑誌の『The Lancet（ランセット）』です。人類の健康と地球の健康は相互に密接に関連していることが、インフォグラフィックスでわかりやすく示されています。

The Lancet, Planetary Health
https://www.thelancet.com/infographics/planetary-health

　地球の健康状態が楽観視できるものでないことは、新型コロナウイルス感染症の世界的大流行や毎年のように繰り返される異常気象で、私たちも否が応でも感じざるを得ないでしょう。しかし、ともすれば私たちは自分の毎日のことで手一杯で、普段は地球の健康を意識することはあまりないでしょう。いくら SDGs という語が広く知られるようになっても、それが自分にどう関係するのかを本気で考える機会は、実はごくわずかなのではないでしょうか。

「1.5℃の約束」

　地球規模の最も深刻な問題の一つが地球温暖化です。増加した温室効果ガスは平均気温の上昇をもたらし、気候変動の要因となっています。大気には二酸化炭素などの温室効果ガスと呼ばれる気体がわずかに含まれており、赤外線を吸収し、再び放出する性質を持っています。太陽からの光で暖められた地球の表面から熱放射として放出された赤外線の多くが、大気に吸収され、再び放出された赤外線が地球の表面に吸収されます。これらの過程により、地表面及び地表面付近の大気を暖めることを温室効果と呼びます[1]。18 世紀末にイギリスで始まった技術革新により、経済と産業は大きな変革を遂げました。産業革命です。これ以後、化石燃料の使用や森林の減少などにより大気中の温室効果ガスの濃度が急激に増加し温室効果が強まったことが、地球温暖化の要因だと考えられています。例え

---

[1]　気象庁「地球温暖化について」
https://www.jma.go.jp/jma/kishou/know/faq/faq6.html

ていうなれば、大気は地球をくるむ布のようなもので、通気性のよい生地だったはずなのに、いつの間にか毛布のような厚手の生地に変化していたということです。そして、この厚手の生地を都合よく脱ぐことができないのが現在の状況です。

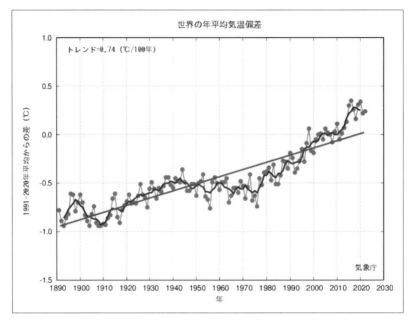

図 4.1 平均気温の上昇[2]

　図 4.1 は産業革命期からの世界の平均気温の変化を表しています。現在、すでに 1.1 度上昇していることが読み取れます。平均気温が上昇する様子は、NASA（米国航空宇宙局）のウェブサイトで確認することができます。下記のリンク先にある「Time Series」では 1884 年以降の平均気温の変動の様子を、動画の下にあるカーソルを移動させることによりインタラクティブに見ることができます。

NASA Global Climate Change Vital Signs of the Planet
https://climate.nasa.gov/vital-signs/global-temperature/

　国際社会は国連気候変動枠組条約締約国会議（COP）を開催し、各国が共通して直面している気候変動への対応策を検討します。2015 年、フランスのパリで開催された第 21 回国連気候変動枠組条約締約国会議（COP21）ではパリ協定が採択され、世界平均気温の目標について「平均気温の上昇を 2 度より充分低く保ち、できれば 1.5 度に抑える努力を追求する」と定められました。その後、2021 年 8 月に発表された国連の気候変動に関する政府間パネル（IPCC）の報告書には、今後数十年で地球温暖化ガスの排出量を大幅に削減しない限り、パリ協定の目標達成が極めて困難であることなどが示されました。

　これを受けて、2021 年にイギリスのグラスゴーで開催された第 26 回国連気候変動枠組条約締約国

[2]　気象庁　世界の年平均気温
https://www.data.jma.go.jp/cpdinfo/temp/an_wld.html

会議（COP26）で、2100 年の世界平均気温の上昇を産業革命前に比べて 1.5 度以内に抑える努力を追求していくことが盛り込まれたグラスゴー気候合意（Glasgow Climate Pact）が採択されたのです。

Glasgow Climate Pact（グラスゴー気候合意）
https://unfccc.int/sites/default/files/resource/cop26_auv_2f_cover_decision.pdf

　日本では 2022 年、SDGs メディアコンパクトに加入する 108 社が国連広報センターと協力して気候変動アクションを開始しました。それが「1.5℃の約束 – いますぐ動こう、気温上昇を止めるために。」というキャンペーンです。テレビ、ラジオ、新聞、雑誌、オンラインメディアなどが協力し、共通メッセージを日本社会に広く訴えました。

国連広報センター「1.5℃の約束 – いますぐ動こう、気温上昇を止めるために。」
キャンペーン始動（2022 年 6 月 17 日付 プレスリリース）
https://www.unic.or.jp/news_press/info/44283/

「1.5℃の約束 – いますぐ動こう、気温上昇を止めるために。」キャンペーン動画
https://youtu.be/j7j9vejwVZc

地球の健康診断結果

　SDGs の達成状況は毎年更新されており、Sustainable Development Report というウェブサイト（https://dashboards.sdgindex.org/）で最新のものを確認することができます。レポートをダウンロードすると、国や地域ごとの状況を PDF ファイルで確認できるようになっています。レポートの見方を、2022 年の日本のページを例にとって示します（図 4.2）。

Sustainable Development Report 2022
https://dashboards.sdgindex.org/

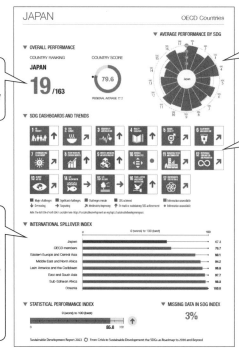

Overall Performance（全体概況）
SDGsの達成状況が順位とスコアで示されます。

International Spillover Index（国際的波及効果指標）
他の国の能力に影響を与える度合いを示します。数値が低いほど負の波及効果があり、数値が高いほど負の波及効果はない、という意味です。一般論として先進国は負の波及効果が大きくなりがちです。

Average Performance by SDG（目標ごとの達成状況）
目標ごとの達成状況がパーセンテージで示されます。どの目標が良い状況にあるか（または良くない状況にあるか）が一目でわかります。

SDG Dashboards and Trends（状況と推移がわかる早見表）
目標ごとの達成状況がアイコンの色で示されます。課題があるものが赤色、次いでオレンジ色、黄色です。緑色は既に達成している目標です。
また、前年と比較してどのように変化しているかが矢印で示されます。悪化しているものが赤色、こう着して変化が見られないものがオレンジ色、徐々に改善しているものが黄色、達成に向けて順調に推移しているものが緑色です。
情報がない場合には、達成状況も変化も灰色で示されます。

前ページのSDG Dashboards and Trends（状況と推移がわかる早見表）が細分化して示されています。

図 4.2 Country Profiles – Japan[3]

---

3) UN Sustainable Development Solutions Network, Sustainable Development Report
https://dashboards.sdgindex.org/

PAIR／GROUP　日本の SDGs の達成状況に関して、（1）環境、（2）社会、（3）経済について、気づいたことを挙げてみましょう。また、その理由も考えてみましょう。

環境	社会	経済

SHARE　クラス全体で意見を共有し、自分たちが気づいていなかった観点を補足しておきましょう。

　Sustainable Development Report のもう一つの機能は、見たい項目に絞って観察できる Interactive Map（インタラクティブマップ）です。前出の Country Profiles と同じ内容ですが、世界地図上の国をクリックするとその国のデータが表示されます（図 4.3）。Country Profiles は国別に詳細を確認したり PDF ファイルでダウンロードできたりするという利点がありますが、Interactive Map には世界の状況を視覚的に瞬時に把握できる良さがあります。

Sustainable Development Report インタラクティブマップ
https://dashboards.sdgindex.org/map

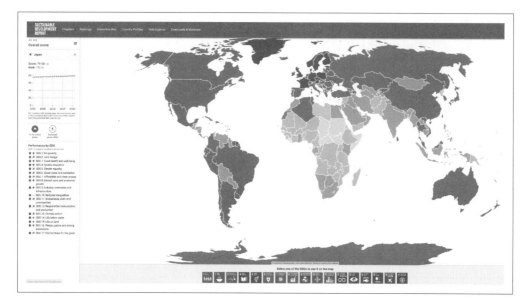

図 4.3 Interactive Map[4]

　国際社会で合意したことを数値で定量的に把握することは珍しいことではありませんが、SDGs の場合は、ここで紹介したような見やすくわかりやすい成績表を公開し、誰もが閲覧できるようになっています。誰もが自分事として SDGs を意識してほしいという国際社会の本気度が示されています。

誰も取り残さない

　実は SDGs には前身となった開発目標がありました。2000 年に国連で採択された Millennium Development Goals です。短縮して MDGs と呼ばれ、日本語では「ミレニアム開発目標」と訳されます。MDGs は 2015 年を目標として、国際社会共通で達成すべき目標として、8 つの目標と 21 のターゲットを掲げました。15 年間の取り組みの結果、一定の成果は上がったと評価できるものの、各目標の達成度はまちまちであり、特に経済と環境に関わる目標の数自体が少ないのではないかと指摘されています。格差の存在、そこから取り残された人々の存在に目を向け、世界が一丸となって問題解決にあたるための次なる目標として設定されたのが SDGs です。SDGs はその成り立ちから、「No one is left behind（誰も取り残さない）」という重要な観点を持っているのです。

　さらに、MDGs は国際社会、主として先進国が、数々の問題を抱える開発途上国を支援するという姿勢を含んでいました。しかし、第 3 課で学んだエコロジカル・フットプリントのように、先進国もまた問題を抱えています。先進国のエコロジカル・フットプリントは開発途上国のバイオキャパシティによって影響を緩和されてもいるのです。また、このような取り組みを行う主体は、政府機関や国際機関に限定されません。特に企業は重要な位置を占める存在です。人間の社会的活動は企業の生産活動などと切り離すことはできません。SDGs の「誰も取り残さない」は、国、職種、立場を問わず、宇宙船地球号の乗組員である全員を指しています。

---

4)　出所：UN Sustainable Development Solutions Network, Sustainable Development Report
　　https://dashboards.sdgindex.org/map

本課のまとめ

第４課では SDGs の達成状況や気候変動に関する近年の活動について考えました。第４課での活動を通して、最初の問い Q6 に対するあなたの意見をまとめておきましょう。

Q6. 現在の我が国の SDGs の達成状況と、SDGs が達成できる見通しは

第 5 課　社会問題と SDGs

> **本課の目標**
>
> 本課では我が国の社会状況に目を向ける。なかでも企業は SDGs の重要なステークホルダーである。企業にとって、SDGs 活動を実施することはどのような意味を持つのだろうか。

SDGs は誰が解決すべき問題なのか

　前課では地球規模の観点から SDGs について学びました。あなたはどのような問題意識を持ちましたか。その問いの領域は、今回あなたが新たに目を向けたものかも知れませんし、以前から感じていた違和感が言語化されたものかも知れません。どのようなものであっても構いません。問題意識を向けることが、新たな思考の旅のはじまりとなります。

　さて、ここでもう一つ考えてもらいたいことがあります。「その問いの対象は誰か」という点です。

　SDGs の存在は広く知られるようになりましたが、国際的な問題や世界共通の問題に関するもの、どこか遠くの誰かの困りごとに関するもの、というイメージで語られてはいないでしょうか。探究活動の場においてよく耳にするのは、「困っている誰かの問題を解決するために○○という活動をしたい」という意見です。この前提には、活動を提供する側の人々（A）と提供される側の人々（B）が存在します。「B の人々が困っている。だから A である私たちは、B を助けるためにできることをしよう」という考え方になっていませんか。自分は常に A の側にいることが前提になっていませんか。

　もちろん、B が持つ問題の解決に向けて他者である A が労を惜しまず協力する関係は素晴らしいことだといえるでしょう。B の置かれた状況が改善すると考えられるからです。しかし、B が抱えている問題は他にもあるでしょうし、A にも問題や悩みがまったくないとは言い切れないでしょう。つまり、問題の主体は視点の置き方によって変わります。また、ある問題が別の問題に連鎖していることもあります。本課では私たちが日常生活を送る社会に対して SDGs はどのような影響を及ぼすのかを考えます。

SDGs 経営

　SDGs の「誰も取り残さない」は、国、職種、立場を問わず、宇宙船地球号の乗組員である全員を指しています。個人だけでなく、国際機関、政府機関、自治体といった公的な存在だけでなく、企業も重要な存在です。人間の社会的活動は企業の生産活動などと切り離すことはできませんし、企業活動によって生み出されたり流通されたりする商品や資産は巨額なものです。総務省の経済センサスによれば、日本における企業数は 2016 年 6 月 1 日時点では 385 万 6457 企業あります。事業所数は 557 万 8975 事業所、従業者数は 5687 万 3 千人、2015 年の 1 年間の売上金額は 1624 兆 7143 億円です[1]。

---

[1]　総務省統計局平成 28 年経済センサス―活動調査
https://www.stat.go.jp/data/e-census/2016/index.html

日本の企業だけでもこの規模ですから、世界全体では遥かに巨大な経済活動が行われていることは想像に難くありません。

　SDGs の達成に向けて取り組んでいる団体は多数あります。企業も例外ではありません。まずは概要を知るために、政府に設置された SDGs 推進本部が表彰する「ジャパン SDGs アワード」のウェブサイト（https://www.mofa.go.jp/mofaj/gaiko/oda/sdgs/award/index.html）にアクセスしてみましょう。企業、自治体、教育機関など様々な団体が表彰されていることに気づくでしょう。

　ただ、一見するだけでは SDGs とは何のことで、なぜその団体が表彰されているかがわからないかも知れません。これには 2 つの要因があると考えます。1 点目は、SDGs の目標が 17 もあり多岐にわたっていること、2 点目は団体の活動も観点も様々であることです。つまり、どのようなことでも SDGs に関係しているように思える、ということなのです。SDGs とは何か、という観点で考えようとすると、何を見つければよいかわからなくなりそうです。ばらばらになったジグソーパズルのピースの中から求める唯一のピースを見つけ出すのが至難の業であるように、なかなか根気のいることでしょう。

　これらの活動をわかりやすくするために、SDGs の目標番号を示したり、目標のアイコンを掲示したりすることがよくあります。目標番号やアイコンを手掛かりに辿っていくことは理解を助けてくれるでしょう。

THINK　「ジャパン SDGs アワード」のウェブサイト（https://www.mofa.go.jp/mofaj/gaiko/oda/sdgs/award/index.html）で、どれか 1 つの取り組みを選んで熟読してみましょう。選ぶ理由や観点は自由です。その取り組みは、誰のどのような問題を解決しようとしているのかを考えてみましょう。

取り組み名	誰のどのような問題を解決しようとしているか

PAIR／GROUP 自分が選んだ取り組みをグループの中で紹介してみましょう。他の学生から紹介された取り組みはどのようなものでしたか。気になった点をメモしておきましょう。

発言者	取り組み名	気づきや気になった点

　企業はなぜこんなにも熱心に SDGs に取り組んでいるのでしょうか。総合経済団体として、企業と企業を支える個人や地域の活力を引き出し、日本経済の自律的な発展と国民生活の向上に寄与することを使命とする経団連は、2017 年 11 月に「企業行動憲章」を改定しました。「Society 5.0 の実現を通じた SDGs の達成を柱として」改定したもので、「これまで同様、企業倫理や社会的責任には十分配慮しつつ、それらを超えて持続可能な社会の実現を牽引する役割を担うことを明示した、極めて重要な改定」であると明言しています。また、前文には、会員企業の行動について「会員企業は、持続可能な社会の実現が企業の発展の基盤であることを認識し、広く社会に有用で新たな付加価値及び雇用の創造、ESG（環境・社会・ガバナンス）に配慮した経営の推進により、社会的責任への取組を進める。また、自社のみならず、グループ企業、サプライチェーンに対しても行動変革を促すとともに、多様な組織との協働を通じて、Society 5.0 の実現、SDGs の達成に向けて行動する。」及び「会員企業は、本憲章の精神を遵守し、自主的に実践していくことを宣言する。」と謳っています[2]。企業行動憲章の本文には、イノベーションを通じて持続可能な経済成長と社会課題解決に貢献すること、人権を尊重することが明確に宣言されています。社会的存在である企業のあり方を明示するものです（図 5.1）。

一般社団法人日本経済団体連合会　企業行動憲章
http://www.keidanren.or.jp/policy/cgcb/charter2022.html

---

[2]　一般社団法人日本経済団体連合会　企業行動憲章
https://www.keidanren.or.jp/policy/cgcb/charter2022.html

企業行動憲章
― 持続可能な社会の実現のために ―

一般社団法人　日本経済団体連合会
1991年 9 月14日　制定
2017年11月 8 日　第 5 回改定

　　企業は、公正かつ自由な競争の下、社会に有用な付加価値および雇用の創出と自律的で責任ある行動を通じて、持続可能な社会の実現を牽引する役割を担う。そのため企業は、国の内外において次の10原則に基づき、関係法令、国際ルールおよびその精神を遵守しつつ、高い倫理観をもって社会的責任を果たしていく。

（持続可能な経済成長と社会的課題の解決）
1．イノベーションを通じて社会に有用で安全な商品・サービスを開発、提供し、持続可能な経済成長と社会的課題の解決を図る。

（公正な事業慣行）
2．公正かつ自由な競争ならびに適正な取引、責任ある調達を行う。また、政治、行政との健全な関係を保つ。

（公正な情報開示、ステークホルダーとの建設的対話）
3．企業情報を積極的、効果的かつ公正に開示し、企業をとりまく幅広いステークホルダーと建設的な対話を行い、企業価値の向上を図る。

（人権の尊重）
4．すべての人々の人権を尊重する経営を行う。

（消費者・顧客との信頼関係）
5．消費者・顧客に対して、商品・サービスに関する適切な情報提供、誠実なコミュニケーションを行い、満足と信頼を獲得する。

（働き方の改革、職場環境の充実）
6．従業員の能力を高め、多様性、人格、個性を尊重する働き方を実現する。また、健康と安全に配慮した働きやすい職場環境を整備する。

（環境問題への取り組み）
7．環境問題への取り組みは人類共通の課題であり、企業の存在と活動に必須の要件として、主体的に行動する。

（社会参画と発展への貢献）
8．「良き企業市民」として、積極的に社会に参画し、その発展に貢献する。

（危機管理の徹底）
9．市民生活や企業活動に脅威を与える反社会的勢力の行動やテロ、サイバー攻撃、自然災害等に備え、組織的な危機管理を徹底する。

（経営トップの役割と本憲章の徹底）
10．経営トップは、本憲章の精神の実現が自らの役割であることを認識して経営にあたり、実効あるガバナンスを構築して社内、グループ企業に周知徹底を図る。あわせてサプライチェーンにも本憲章の精神に基づく行動を促す。また、本憲章の精神に反し社会からの信頼を失うような事態が発生した時には、経営トップが率先して問題解決、原因究明、再発防止等に努め、その責任を果たす。

図5.1　経団連「企業行動憲章」

　現在の日本社会では、学業を終えれば職を得て社会人になることが一般的なので、多くの学生が就職活動を経験します。最終的に入社する企業を決める際の決め手となるポイントがいくつかあり、人によりその選択は異なるものと思われますが、仕事内容、企業の将来性、福利厚生などに加えて、最近では SDGs に対する姿勢や取り組みが挙がることもあります。しかし、企業にとって、SDGs に対する取り組み度合いを表明しておく必要性は採用の場面だけではありません。より大きな視野から考えてみましょう。

1992年にブラジルのリオデジャネイロで開催されたリオ地球サミットは、第1課でも触れたセヴァーン・カリス＝スズキによる伝説のスピーチでも広く知られていますが、経済界にとっても重要な転機だといえます。環境問題は政府など公的な機関が取り組むべき問題であるとみなされていた時代に、環境保全と経済活動の両立を考えようとする48人の経済人が集結し、リオ地球サミットに向けて、Business Council for Sustainable Development（BCSD、持続可能な開発のための経済人会議）を発足させたのです。

1995年、BCSDは別団体であったWorld Industry Council for the Environment（WICE、環境のための世界会議）と合併し、新たにWorld Business Council for Sustainable Development（WBCSD、持続可能な開発のための世界経済人会議）となりました。200を越えるグローバル企業の経営者による経済的活動コミュニティとして継続し、気候変動、自然環境、格差などの問題解決に取り組んでいます[3]。WBCSDが刊行した出版物のうち、『SDGs Compass』は現在も日本語で入手することができます[4]。Global Reporting Initiative（GRI、グローバル・レポーティング・イニシアチブ）、国連グローバル・コンパクトとWBCSDの三者が開発したもので、企業はSDGsをどう活用すべきかという切り口で、企業の行動指針を説いています。

行動指針は5つのステップに分けて記述されています。SDGsをただ理解するだけでなく、具体的行動に反映するためのステップを示すことで企業経営の意識改革を訴求するものです。目次を追うだけでも概要が掴め、多忙な企業人に配慮した構成であると感じられます（図5.2）。

ステップ1	**SDGsを理解する**
	■ SDGsとは何か
	■ 企業がSDGsを利用する理論的根拠
	■ 企業の基本的責任
ステップ2	**優先課題を決定する**
	■ バリューチェーンをマッピングし、影響領域を特定する
	■ 指標を選択肢、データを収集する
	■ 優先課題を決定する
ステップ3	**目標を設定する**
	■ 目標範囲を設定し、KPI（主要業績指標）を選択する
	■ ベースラインを設定し、目標タイプを選択する
	■ 意欲度を設定する
	■ SDGsへのコミットメントを公表する
ステップ4	**経営へ統合する**
	■ 持続可能な目標を企業に定着させる
	■ 全ての部門に持続可能性を組み込む
	■ パートナーシップに取り組む
ステップ5	**報告とコミュニケーションを行う**
	■ 効果的な報告とコミュニケーションを行う
	■ SDGsの達成度についてコミュニケーションを行う

図5.2 SDGs Compassの目次

---

[3] WBCSD About Us
https://www.wbcsd.org/Overview/About-us
[4] SDGs Compass（和文）
https://sdgcompass.org/wp-content/uploads/2016/04/SDG_Compass_Japanese.pdf

SDGs Compass　SDGsの企業行動指針
https://sdgcompass.org/wp-content/uploads/2016/04/SDG_Compass_Japanese.pdf

大学など高等教育機関でも同様のプロセスが推奨されています。『Getting Started with the SDGs in Universities』（日本語版は「大学でSDGsに取り組む　−大学、高等教育機関、アカデミアセクターへのガイド」[5]）に紹介されているステップは、SDGs Compassとは多少の違いはあるものの、同じ考え方に立脚しています。SDGsを具体的行動に反映して組織経営を行う必要性は、教育機関という組織においても同様に求められているのです（図5.3）。

ステップ1	すでにしていることをマッピングする
ステップ2	SDGsに取り組む能力と当事者意識の育成
ステップ3	優先順位、機会、ギャップの認識
ステップ4	統合し、実施し、組み込む
ステップ5	モニタリング、評価、コミュニケーション

図5.3　高等教育機関におけるSDGs実装プロセス

世界中の企業がSDGsを経営に反映すべく努力を重ねており、日本企業も例外ではありません。むしろ、日本企業にとっては目新しい考え方ではない、という意見もあります。大阪商人、伊勢商人と並んで日本三大商人に数えられる近江商人の経営哲学のひとつに、「三方よし」という考え方があり、広く知られています。これは、「売り手よし、買い手よし、世間よし」の精神を指します。世間とは「社会」のことです。商売において売り手と買い手の双方が満足する結果になるように努めるのは当然のことですが、同時に社会に貢献できるものであってこそ、真によい商売であるという考え方です。商売が社会に貢献するものであろうとする姿勢は、日本においては長年根付いているのです。

経団連が2019年にまとめた『SDGs経営ガイド』の前文にも、このことは触れられています。しかし一方で、「SDGsに係る企業の取組については、『既存の取組にSDGsの各ゴールのラベルを貼るにとどまっている』との評価が存在するのもまた事実である」とも述べられており、理念をうまくコミュニケーションに反映できていない葛藤が示されています。さらに、「SDGsに係る取組は、企業にとっても一過性のブームであってはならない」とも明記しています。

『SDGs経営ガイド』は、企業にとってのSDGsの意義を簡潔にわかりやすく示しています。企業はSDGsを世界中のステークホルダーとの共通言語として活動すべきであり、自社の戦略を未来志向で考えるためのツールとしてSDGsを活用することを考えるべきであるとします。なかでも、「世界全体がSDGs達成を目指す中、これを無視して事業活動を行うことは、企業の持続可能性を揺るがす『リスク』をもたらす」との記載は、経営者にとっては無視できないポイントです。社会貢献（「三方

[5]　SDSN Australia/Pacific（2017）. Getting Started with the SDGs in universities: A guide for universities, higher education institutions, and the academic sector. Australia, New Zealand and Pacific Edition. Sustainable Development Solutions Network – Australia/Pacific, Melbourne.〔Translated to Japanese by Okayama University and SDSN Japan〕. pp.31-36

よし」での「世間よし」）ができていようといまいと商売自体は成立するのであれば、社会貢献はいわば加点評価です。しかしSDGs経営においては無視できない要素であり、万一無視した場合には企業自体の存在を危うくしかねないリスクをもたらすと明記されているのです。次項ではこの点について深めます。

ESG投資と責任投資原則

企業にとっての重要なステークホルダーの一つは投資家です。投資家が投資先を選ぶ際の条件は多くありますが、特に重要なのは長期的な企業価値です。変容し続ける社会の中で企業が持続的に成長することができるかどうかを見定めるポイントの一つがSDGsで、存在感は年々増しています。

「ESG」とはEnvironment（環境）、Social（社会）、Governance（企業統治）の頭文字を並べたものです。環境に過度な負荷を掛けず、持続可能な社会づくりに貢献し、適切なマネジメントが行われていることを指します。投資家が投資を行う場合の参考になるものは財務情報ですが、ESGは財務情報ではありません。つまり、新たな要素が投資判断の基準になったのです。

企業統治について補足しておきます。1990年代には企業は「説明責任」を重視し、株主や従業員といった直接的な関係者に対してだけでなく、顧客（消費者）、地域住民、取引業者など、なんらかの関係性を持つすべての人や組織に対して、活動内容や活動結果を報告すべきとする動きがありました。Governanceはこれよりも遥かに進んだ、踏み込んだ考え方です。「コーポレート・ガバナンス」、「ガバナンス・コード（企業統治指針）」を公表し、健全な企業投資を促しています。将来の企業価値を見極めるにあたって有効であることはいうまでもありません。

また、経済活動の発展の陰で、気候変動などの環境問題、児童労働などの社会問題は益々大きくなっています。経済活動とこれらの問題は無関係ではなく、放置しておくと経済活動自体を壊してしまう両刃の剣でもあります。ESG投資はこうした状況を改善するため、非財務情報である環境・社会・企業統治の視点を投資判断に組み込もうとするものです。

この関係は、日本の公的年金の管理運用を行っている年金積立金管理運用独立行政法人による図がわかりやすいでしょう（図5.4）。図の左側にあるGPIF（Government Pension Investment Fund）とは年金積立金管理運用独立行政法人のことです。運用資産額が186兆1624億円（2020年度）に上る巨大な機関投資家として知られます。

図5.4 ESG投資とSDGsの関係[6]

---

6) 出所：年金積立金管理運用独立行政法人ウェブサイト
https://www.gpif.go.jp/esg-stw/esginvestments/

　GPIF は 2015 年 9 月に責任投資原則（Principles for Responsible Investment, PRI）に署名し、ESG 投資を推進することを宣言しました。PRI は 6 つの基本原則と 35 の行動から構成されます（表5.1）。

表5.1　責任投資原則[7]

Principle 1	We will incorporate ESG issues into investment analysis and decision-making processes. 私たちは投資分析と意志決定のプロセスに ESG の課題を組み込みます。
Principle 2	We will be active owners and incorporate ESG issues into our ownership policies and practices. 私たちは活動的な（株式）所有者になり、（株式の）所有方針と（株式の）所有慣習に ESG 問題を組み入れます。
Principle 3	We will seek appropriate disclosure on ESG issues by the entities in which we invest. 私たちは、投資対象の主体に対して ESG の課題について適切な開示を求めます。
Principle 4	We will promote acceptance and implementation of the Principles within the investment industry. 私たちは、資産運用業界において本原則が受け入れられ、実行に移されるように働きかけを行います。
Principle 5	We will work together to enhance our effectiveness in implementing the Principles. 私たちは、本原則を実行する際の効果を高めるために、協働します。
Principle 6	We will each report on our activities and progress towards implementing the Principles. 私たちは、本原則の実行に関する活動状況や進捗状況に関して報告します。

英文　　和文

責任投資原則
英文：https://www.unpri.org/about-us/about-the-pri
和文：https://www.unpri.org/download?ac=14736

　金融活動は国境を軽々と飛び越えるため、一国の内部の話では完結しません。グローバル化時代の到来などと表現されたのは昔のこと。今ではグローバル化は所与の条件です。すでにグローバル化された状態で考えておかなければなりません。海外投資家は特に ESG 投資への意識が高いので、企業活動に ESG 投資の観点を入れておかなければ、新たな投資を呼び込むことが難しくなります。投資家による ESG 投資と、民間企業の SDGs への取り組みは裏表の関係ですから、企業は SDGs を意識した取り組みを行い、それを公表しておかなければ、投資を呼び込む機会を逸する恐れがあります。SDGs は新たな事業機会と投資機会を創出するのです。

---

[7]　出所：英文　https://www.unpri.org/pri/about-the-pri
　　　　和文　https://www.unpri.org/download?ac=14736

THINK もしあなたが投資家であったならば、どのような企業を投資対象としますか。考えてみましょう。その企業が SDGs に関してどのような活動をしていることを期待しますか。あなたにとって重要なキーワードを書き出してみましょう。

投資したい企業イメージや、投資先企業に期待する活動内容

THINK 前問で書きだしたキーワードは、あなたにとってなぜ重要なのでしょうか。日常生活や過去の経験、学業、専門分野など、きっかけや理由があるでしょうか。振り返ってみて、簡単にメモしておきましょう。

PAIR/GROUP　グループで意見を共有してみましょう。他の学生のキーワードや理由を聞いて
の気づきがあればメモしておきましょう。

発言者	取り組み名	気づきや気になった点

REFLECTION　意見交換をして、あなたはどのようなことに気づきましたか。

地方自治体とSDGs

　SDGsの目標達成に大きな役割を果たすと期待されているのは企業ばかりではありません。人々の暮らしが営まれる場所である地方自治体も同様です。政府主導で行っている取り組みのうちわかりやすいものは「SDGsアクションプラン」です。新型コロナウイルス感染症による社会変化の前、2019年12月に発表された、「SDGsアクションプラン2020 ～ 2030年の目標達成に向けた『行動の10年』の始まり～」には、

- 日本は，豊かで活力のある「誰一人取り残さない」社会を実現するため，一人ひとりの保護と能力強化に焦点を当てた「人間の安全保障」の理念に基づき，世界の「国づくり」と「人づくり」に貢献。SDGsの力強い担い手たる日本の姿を国際社会に示す。
- 『SDGsアクションプラン2020』では，改定されたSDGs実施指針の下，今後の10年を2030年の目標達成に向けた「行動の10年」とすべく，2020年に実施する政府の具体的な取組を盛り込んだ。
- 国内実施・国際協力の両面において，次の3本柱を中核とする「日本のSDGsモデル」の展開を加速化していく。

という前文に続き、次の三本の柱が掲げられています[8]。

　Ⅰ．ビジネスとイノベーション ～SDGsと連動する「Society 5.0」の推進～
　Ⅱ．SDGsを原動力とした地方創生，強靭かつ環境に優しい魅力的なまちづくり
　Ⅲ．SDGsの担い手としての次世代・女性のエンパワーメント

　地方自治体に特に強く関連するのはⅡです。Ⅱの中には、「地方創生の推進」、「強靭なまちづくり」、「循環共生型社会の構築」の3項目が挙げられています。このうち、「地方創生の推進」を見ると、「SDGs未来都市」や「地方創生SDGs金融」といった形で、地方におけるSDGs推進に注力することが示されています（図5.5）。

---

[8]　Ⅰ～Ⅲの三本柱は、その翌年、2020年12月に発表された「SDGsアクションプラン2021 ～コロナ禍からの『よりよい復興』と新たな時代への社会変革～」でも項目自体は継承されていますが、新型コロナウイルス感染症を受けて「感染症対策と次なる危機への備え」が第一に掲げられています。
https://www.kantei.go.jp/jp/singi/sdgs/dai9/actionplan2021.pdf

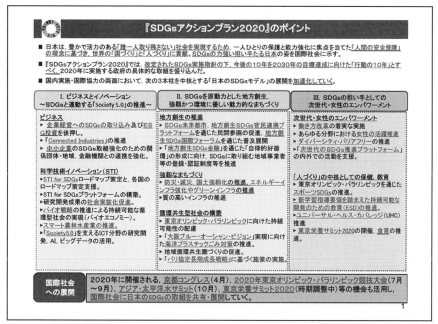

図 5.5　首相官邸（2019）SDGs アクションプラン 2020[9)]

　ここでは、「SDGs 未来都市」に注目してみましょう。これは、地方創生分野における日本の「SDGs モデル」を構築するため、SDGs の達成に向けた優れた取り組みを提案する自治体を「SDGs 未来都市」として選定するものです。特に先導的な取り組みは「自治体 SDGs モデル事業」として選定されます。2018 年度から 2021 年度までに SDGs 未来都市として 124 自治体、自治体 SDGs モデル事業には 40 自治体が選定されています。

内閣官房・内閣府総合サイトの「地方創生 SDGs・『環境未来都市』構想」
https://www.chisou.go.jp/tiiki/kankyo/index.html

9)　出所：https://www.kantei.go.jp/jp/singi/sdgs/dai8/actionplan2020.pdf

THINK 内閣官房・内閣府総合サイトの「地方創生 SDGs・『環境未来都市』構想」のウェブサイトにアクセスし、選定された自治体の提案資料・プレゼンテーションファイルを見てみましょう。すべてを見る必要はありませんが、出身地や居住地やその近隣地域、あるいはあなたが関心のある切り口から探すのも興味深いでしょう。そのうえで関心を持った自治体を 3 〜 5 程度選択してみましょう。

都道府県	自治体	事業名

THINK　上記で挙げた自治体のうち、あなたが最も強い関心を持った自治体について要点を整理してみましょう。提案資料などに掲載されている内容だけでなく、自治体のウェブサイトにアクセスしたり、使用されているキーワードなどを活用してさらに理解を深めてみましょう。

THINK　上記で挙げた取り組みについて、あなたはなぜ関心を持ったのでしょうか。その理由を書き留めておきましょう。過去の経験、これまでに出会った人や言葉、大学で学んでいる専門分野、将来など、その理由を書き留めておきましょう。

PAIR／GROUP グループで意見を共有してみましょう。他の学生のキーワードや理由を聞いて
の気づきがあればメモしておきましょう。

発言者	取り組み名	気づきや気になった点

REFLECTION 意見交換をして、あなたはどのようなことに気づきましたか。

本課のまとめ

第 5 課では我が国の様子に目を向けました。あなたが関心のある業界や会社、あなたの地域（出身地や現在の居住地など）ではどのような取り組みがなされていますか。もしあなたが投資家であるならば、どのような取り組みを支援したいと考えますか。

第6課　すべてつながっている

本課の目標

SDGsの17の目標は、何かが欠けても達成できないとされる。各目標がどのように関連づくのかを考えてみよう。

SDGsの核心

SDGsの主旨を確認するために、第2課で触れた「国連持続可能な開発サミット」の成果文書である「我々の世界を変革する：持続可能な開発のための2030アジェンダ（Transforming our world: the 2030 Agenda for Sustainable Development）」の前文を確認しておきましょう[1]。

This Agenda is a plan of action for people, planet and prosperity. It also seeks to strengthen universal peace in larger freedom. We recognise that eradicating poverty in all its forms and dimensions, including extreme poverty, is the greatest global challenge and an indispensable requirement for sustainable development. All countries and all stakeholders, acting in collaborative partnership, will implement this plan. We are resolved to free the human race from the tyranny of poverty and want and to heal and secure our planet. We are determined to take the bold and transformative steps which are urgently needed to shift the world onto a sustainable and resilient path. As we embark on this collective journey, we pledge that no one will be left behind. The 17 Sustainable Development Goals and 169 targets which we are announcing today demonstrate the scale and ambition of this new universal Agenda. They seek to build on the Millennium Development Goals and complete what these did not achieve. They seek to realize the human rights of all and to achieve gender equality and the empowerment of all women and girls. They are integrated and indivisible and balance the three dimensions of sustainable development: the economic, social and environmental.

The Goals and targets will stimulate action over the next fifteen years in areas of critical importance for humanity and the planet:

　このアジェンダは、人間、地球及び繁栄のための行動計画である。これはまた、より大きな自由における普遍的な平和の強化を追求（する）ものでもある。我々は、極端な貧困を含む、あら

[1]　英文：United Nations: Transforming our world: the 2030 Agenda for Sustainable Development
https://sdgs.un.org/2030agenda
和文：外務省による仮訳
https://www.mofa.go.jp/mofaj/files/000101402.pdf
なお、英文とは段落分けが異なるが、和文の段落分けは仮訳に忠実に記載した。また、読者の理解しやすいように筆者が表現を補った部分がある。

ゆる形態と側面の貧困を撲滅することが最大の地球規模の課題であり、持続可能な開発のための不可欠な必要条件であると認識する。

　すべての国及びすべてのステークホルダーは、協同的なパートナーシップの下、この計画を実行する。我々は、人類を貧困の恐怖及び欠乏の専制から解き放ち、地球を癒やし安全にすることを決意している。我々は、世界を持続的かつ強靱（レジリエント）な道筋に移行させるために緊急に必要な、大胆かつ変革的な手段をとることに決意している。我々はこの共同の旅路に乗り出すにあたり、誰一人取り残さないことを誓う。

　今日我々が発表する 17 の持続可能な開発のための目標（SDGs）と、169 のターゲットは、この新しく普遍的なアジェンダの規模と野心を示している。これらの目標とターゲットは、ミレニアム開発目標（MDGs）を基にして、ミレニアム開発目標が達成できなかったものを全うすることを目指すものである。これらは、すべての人々の人権を実現し、ジェンダー平等とすべての女性と女児の能力強化を達成することを目指す。これらの目標及びターゲットは、統合され不可分のものであり、持続可能な開発の三側面、すなわち経済、社会及び環境の三側面を調和させるものである。

　これらの目標及びターゲットは、人類及び地球にとり極めて重要な分野で、向こう 15 年間にわたり、行動を促進するものになろう。

　和文の第一段落で表現されている「不可分な必要条件」、第二段落の「誰一人取り残さない」は重要なキーワードです。本課では各目標がいかに不可分であり、いかにパートナーシップが重要であるかを考えます。

ボルネオのネコの物語

　1950 年代のボルネオでの実話をもとにしたアニメーション動画を一つ紹介します。

Sustainability Illustrated　システムシンキング：教訓「ボルネオの猫」の物語
https://youtu.be/s6wA9nyVUZ0

　蚊が媒介する恐ろしい感染症であるマラリアが蔓延して困った島の住民たちが、世界保健機構（WHO）に助けを求めます。WHO はマラリアを媒介する蚊に対し、島中に殺虫剤 DDP を散布する対処療法を取ることにしました。その結果、蚊はいなくなり、マラリアもなくなります。

　しかし、深刻な副作用が起こります。蚊だけでなく他の昆虫も絶滅したり、殺虫剤を体内に残したまま別の虫に食べられたりするなどしました。生態系が自然の状態から変化してしまった結果、新たな問題が発生し…という物語です。事態を収拾するために投入されたのが生きたネコだった、というのが結末です。

　この動画のタイトルは「システムシンキング（システム思考）」です。システム思考とは、「望ましい目的を達成できるように、要素間の相互のつながりを理解する能力」と定義されます[2]。従来の思考法は線形で、問題 A には解決策 B が対応し、別の問題 C には別の解決策 D が対応すると考えます

---

[2]　デイヴィッド・ピーター・ストロー著（小田理一郎監訳）『社会変革のためのシステム思考実践ガイド』（英治出版, 2018）

が、システム思考の場合、因果関係は間接的であり、全体を最適化するためには、部分と部分の関係を改善しなければならないというように、問題Aと問題Cを大きな枠組みの中の部分として考えます。SDGsもまた、各ゴールを独立した固有の問題とは見なしていないのです。

連鎖

　あなたのMy SDGsを思い返してみましょう。その問題は単独で存在するものでしょうか。おそらくそうではないはずです。では、その問題を起点として、他にどのような問題が発生すると思いますか。新たな問題は、また次の問題を生んではいないでしょうか。考えるための手掛かりとして、SDGsのゴール番号を見ながら考え、下記のワークに取り組んでみましょう。まずはグループで協力して取り組むために、下記の3テーマから1つを選んでください。各テーマのどの部分を問題として設定するかは自由です。例えば気候変動であれば、水害の増加、海面上昇、温暖化などが挙げられるでしょう。

| 気候変動 | 人口減少 | ＡＩ技術による労働市場変化 |

PAIR／GROUP グループで協力して、選んだテーマから発生すると考えられる問題を思いつく限り書き出してみましょう。問題の大小は問わず、どのような順番でも構いません。自由に考えてみましょう。ただし個人的な問題はここでは扱わないように注意しましょう。

　各目標が不可分であることを理解するために、「SDGs イシューマップ」を作成してみましょう。これは特定非営利活動法人イシュープラスデザインによってデザインされた、SDGs の 17 のゴールがすべてつながっていることを可視化できるフォーマットです。SDGs イシューマップの具体的なイメージや詳しい説明は、下記ウェブサイトから確認することができます。

特定非営利活動法人イシュープラスデザイン「SDGs de 地方創生」
https://sdgslocal.jp/local-sdgs/

PAIR／GROUP　さきほどのワークで書きだした問題を、SDGs イシューマップ上に配置してみましょう。

SDGs de 地方創生「SDGs イシューマップ」© issue + design 2019

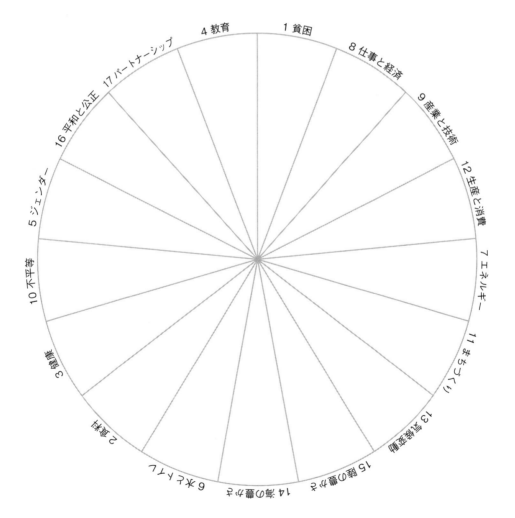

　SDGsイシューマップに現れたものは、問題が別の問題を生むという「問題の連鎖」になっているうえ、SDGsの17のゴールの多くに関わることに気づくでしょう。しかし、連鎖するのは問題だけではありません。解決策が別の問題をも解決する「解決策の連鎖」もあるはずです。今度は解決策を起点とした連鎖について、同じ手順で考えてみましょう。

PAIR／GROUP　グループで協力して、選んだテーマに対する解決策を考えてみましょう。そこから関連して起こるであろう効果について、思いつく限り書き出してみましょう。問題の大小は問わず、どのような順番でも構いません。自由に考えてみましょう。ただし個人的な問題はここでは扱わないように注意しましょう。

PAIR/GROUP さきほどのワークで書きだした解決策を、SDGs イシューマップ上に配置して
みましょう。

SDGs de 地方創生「SDGs イシューマップ」© issue + design 2019

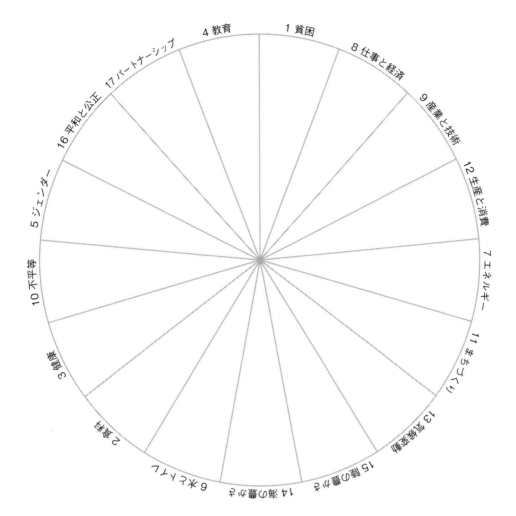

REFLECTION ２つのワークを振り返ってみましょう。何が違うのでしょうか。人間の行動はどのように作用していますか。ワークを進める過程で気づいたことについて自由に話し合い、あなたが気づいたことを書き留めておきましょう。

┌───┐
│   │
│   │
│   │
│   │
│   │
│   │
│   │
└───┘

本課のまとめ

第６課では問題を起点にしたマップを作成するワークにより、複数の問題が相互に関係することを可視化することに取り組みました。あなた自身の関心事を起点にすると、どのようなマップが描けるでしょうか。また、そこからどのようなことに気づきましたか。

第7課　未来への問い

本課の目標

あなたの関心事（My SDGs）を行動に移すための最初の一歩を探してみよう。すでに行動している人は、理解をさらに深めたり活動範囲を広げたりするための新たなヒントを探してみよう。

大学で学ぶ者として

　世界を変革する17の目標であるSDGsは、宇宙船地球号を操縦し続けるために必要な観点である目標と、具体的な内容を示すターゲットから構成されています。ここまでの学習で、目標やターゲットの意味するところが理解でき、SDGsが「どこか遠くの誰かの問題」ではなく、「今、ここに生きている私の問題」として意識できるようになっていれば、SDGs入門編としての学習目標の半分はクリアできたといえます。

　残る半分は、具体的なアクションに昇華させることです。大学内にも地域にも様々な活動があり、皆さんが手を伸ばせば参加できる環境があります。完成しているように見えるものでも、皆さんの知恵や力が加わればさらに発展できる可能性があります。

　また、学生として学ぶ内容にも、SDGsは無関係ではありません。皆さんが大学で接する先生方は教員としての役割のほか、研究者としての顔も持っています。岡山大学では教育活動や研究活動をSDGsの観点からわかりやすく分類した「取組事例」を集めて、ウェブサイト上で公開しています。内容は随時更新されます。学生が主体となって行っている活動も含まれています。本課では実際にこれらの事例を見ながら考えていきましょう。

岡山大学 SDGs ポータル　取組事例
https://sdgs.okayama-u.ac.jp/efforts/

THINK 岡山大学のSDGsポータルにアクセスし、関心を持った活動を3～5程度選択してみましょう。検索キーはSDGsの目標、カテゴリ、部局（学部・研究科等）、教員名、フリー検索が活用できますが、どのような切り口からでも構いません。

THINK 上記で挙げた取り組みのうち、もっとも強い関心を持った活動について要点を整理してみましょう。SDGsポータルに掲載されている内容のほか、使用されているキーワードなどを活用して自分で調べるのもよいでしょう。

THINK 上記で挙げた取り組みについて、あなたはなぜ関心を持ったのでしょうか。その理由を書き留めておきましょう。過去の経験、これまでに出会った人や言葉、大学で学んでいる専門分野、将来など、その理由を書き留めておきましょう。

PAIR／GROUP　グループで意見を共有してみましょう。他の学生のキーワードや理由を聞いての気づきがあればメモしておきましょう。

発言者	取り組み名	気づきや気になった点

REFLECTION　意見交換をして、あなたはどのようなことに気づきましたか。

目標からのバックキャスティング

　第6課で紹介した「連鎖」と同様に重要なのは、目標を設定し、なおかつ可視化（見える化）することです。目標というのは、SDGs の 17 の目標です。これを補うために 169 のターゲットがあることは、これまでにも紹介し、理解が進んでいることでしょう。しかし目標を共有するだけでは実現することはできません。第4課で紹介した SDGs Dashboard は毎年更新され、各国がどの目標において達成し、あるいは未達成なのかが概観できるようになっています。

　第4課で見た Sustainable Development Report では、現在の達成状況がわかりやすく示されています。目標が先に設定されていて、目標に対して現在どの程度達成しているのかを考える方法をバックキャスティングといいます。逆に、現在地からできることを積み上げていく方法をフォアキャスティングといいます。どちらの方が目標に到達できる可能性が高いと思いますか。一般的にはバックキャスティングだとされます。さらに、どこまで到達できているのかを確認するためには、到達度合いを可視化することが必要です。Sustainable Development Report ではインタラクティブマップも活用し、読者である私たちが個々の関心に応じて自由にデータを行き来できるように工夫されています。国際連合広報センターではインフォグラフィックスを使った報告書を発行しており、日本語で読むことができます。また、その元となる英語版は国連から発行されており、より詳しい内容を報告書や動画も活用して理解することができます。

　あなたの場合は、どのようにバックキャスティングの考え方が生かせるでしょうか。

国際連合広報センター　持続可能な開発目標（SDGs）報告 2022
https://www.unic.or.jp/activities/economic_social_development/sustainable_development/
2030agenda/sdgs_report/

United Nations The Sustainable Development Goals Report 2022
＊インフォグラフィックスは「Explore the Report」にあります。
https://unstats.un.org/sdgs/report/2022/

REFLECTION　あなたの My SDGs を大学での友人たちに共有し、共に活動するとするならば、あなたはそのためにどのような準備や働きかけをしますか。まず、ターゲットとなる相手を想定して、活動を開始する目標時期を設定してみましょう。さらに、そこから逆算するバックキャスティングで行動計画を考えてみましょう。

これからの問い

本書の冒頭に、最初の問いとして **Q1**～**Q9** を挙げました。このうち最初の 4 問は正解のある問いでした（解答は 6 ページに掲載）。

Q1. 「SDGs」を短縮せずに書くと

Q2. 「SDGs」の日本語訳は

Q3. SDGs が合意された時期は

Q4. SDGs が合意された場所は

Q5～**Q7** は、授業を通して理解を深めてきたものです。

Q5. SDGs が必要な理由は

Q6. 我が国の SDGs の達成状況と、SDGs が達成できる見通しは

Q7. SDGs の達成に向けて、力を発揮するのは誰か

正解はあるように思われますが、絶対的なものではありません。社会情勢の変化によって変わることもあれば、新型コロナウイルス感染症によって世界の様子が一変したように、社会状況そのものが大きく変化することもあると予想しておく必要があります。人間の営みは多様な要素が密接に関連しています。問題に近い位置から見えることと、離れた位置から見えることは同じかも知れないし、異なるかも知れません。また、現在は適切と思われることも、時間の経過とともに変わるかも知れません。アインシュタインの言葉を借りれば、You can't solve today's problems with yesterday's solutions（昨日の解決策で今日の問題を解決することはできない）です。解決策自体が新たな問題を引き起こすことさえあるかも知れないのです。

現代社会は先行きの見えない時代、不確実性の時代だともいわれます。V（Volatility：変動性）、U（Uncertainty：不確実性）、C（Complexity：複雑性）、A（Ambiguity：曖昧性）をつなげて「VUCA の時代」といわれることもあります。2010 年前後からビジネス界で使われるようになり、その後、様々な場面でも先が見通せない時代を表す語として使われるようになりました。私たちは VUCA の時代に生き、将来世代にとっても現世代にとっても恩恵のある持続可能な開発を進め、宇宙船地球号をマニュアルなしで操縦するという任務を共有しています。

SDGs は「遠いどこかの誰かの問題」ではありません。いま、ここにいる私やあなたの問題です。**Q8** と **Q9** は、一人ひとりが考え続けるべき問いなのです。あなたはどのような問いやアクションプランを立てますか。

Q8. 私自身は SDGs にどのような影響を受けているのか

Q9. 私自身は（持続可能な地球に生きる市民として）SDGs にどのように関わるのか

本課のまとめ

第7課ではあなたにとっての関心事（My SDGs）を具体化するために、教育機関や社会での先行事例を見ながら理解を深めるワークを行いました。あなたは、これらの理解から、My SDGs を達成するためにどのように関わりたいと思いますか。さらに、「関わりたい」を「関わる」にするために、あなたに今必要なものは何でしょうか。これまでの学びを振り返りながら考えてみましょう。

SDGs　17の目標と169のターゲット（英文・和文）

ターゲットには、算用数字のみで示されているものとアルファベットを含むものがある。前者は各目標の具体的な課題の達成、後者は課題達成を実現するための手段や措置に関するものである。

出所

英文：United Nations（2015）Transforming our world: the 2030 Agenda for Sustainable Development pp.14-27

　　　https://www.un.org/ga/search/view_doc.asp?symbol=A/RES/70/1&Lang=E

和文：「SDGsとターゲット新訳 Ver.1.2」（「SDGsとターゲット新訳」制作委員会による上記英文の日本語訳）

　　　https://xsdg.jp/pdf/SDGs169TARGETS_ver1.2.pdf

　　　詳細は　国連「SDGsとターゲット新訳」公開

　　　http://xsdg.jp/shinyaku_release.html

Goal 1

End poverty in all its forms everywhere
あらゆる場所で、あらゆる形態の貧困を終わらせる

1.1 By 2030, eradicate extreme poverty for all people everywhere, currently measured as people living on less than $1.25 a day

2030 年までに、現在のところ 1 日 1.25 ドル未満で生活する人々と定められている、極度の貧困[1)]をあらゆる場所で終わらせる。

1.2 By 2030, reduce at least by half the proportion of men, women and children of all ages living in poverty in all its dimensions according to national definitions

2030 年までに、各国で定められたあらゆる面で貧困状態にある全年齢の男女・子どもの割合を少なくとも半減させる。

1.3 Implement nationally appropriate social protection systems and measures for all, including floors, and by 2030 achieve substantial coverage of the poor and the vulnerable

すべての人々に対し、最低限の生活水準の達成を含む適切な社会保護制度や対策を各国で実施し、2030 年までに貧困層や弱い立場にある人々に対し十分な保護を達成する。

1.4 By 2030, ensure that all men and women, in particular the poor and the vulnerable, have equal rights to economic resources, as well as access to basic services, ownership and control over land and other forms of property, inheritance, natural resources, appropriate new technology and financial services, including microfinance

2030 年までに、すべての男女、特に貧困層や弱い立場にある人々が、経済的資源に対する平等の権利がもてるようにするとともに、基礎的サービス、土地やその他の財産に対する所有権と管理権限、相続財産、天然資源、適正な新技術[2)]、マイクロファイナンスを含む金融サービスが利用できるようにする。

1.5 By 2030, build the resilience of the poor and those in vulnerable situations and reduce their exposure and vulnerability to climate-related extreme events and other economic, social and environmental shocks and disasters

2030 年までに、貧困層や状況の変化の影響を受けやすい人々のレジリエンス[3)]を高め、極端な気候現象やその他の経済、社会、環境的な打撃や災難に見舞われたり被害を受けたりする危険度を小さくする。

1.a Ensure significant mobilization of resources from a variety of sources, including through enhanced development cooperation, in order to provide adequate and predictable means for developing countries, in particular least developed countries, to implement programmes and policies to end poverty in all its dimensions

あらゆる面での貧困を終わらせるための計画や政策の実施を目指して、開発途上国、特に後発開発途上国に対して適切で予測可能な手段を提供するため、開発協力の強化などを通じ、さまざまな供給源から相当量の資源を確実に動員する。

1.b Create sound policy frameworks at the national, regional and international levels, based on pro-poor and gender-sensitive development strategies, to support accelerated investment in poverty eradication actions

貧困をなくす取り組みへの投資拡大を支援するため、貧困層やジェンダーを十分勘案した開発戦略にもとづく適正な政策枠組みを、国、地域、国際レベルでつくりだす。

[1)] 極度の貧困の定義は、2015 年 10 月に 1 日 1.90 ドル未満に修正されている。

[2)] 適正技術：技術が適用される国・地域の経済的・社会的・文化的な環境や条件、ニーズに合致した技術のこと。

[3)] レジリエンス：回復力、立ち直る力、復元力、耐性、しなやかな強さなどを意味する。「レジリエント」は形容詞。

Goal 2

End hunger, achieve food security and improved nutrition and promote sustainable agriculture

飢餓を終わらせ、食料の安定確保と栄養状態の改善を実現し、持続可能な農業を促進する

2.1　By 2030, end hunger and ensure access by all people, in particular the poor and people in vulnerable situations, including infants, to safe, nutritious and sufficient food all year round
2030年までに、飢餓をなくし、すべての人々、特に貧困層や乳幼児を含む状況の変化の影響を受けやすい人々が、安全で栄養のある十分な食料を一年を通して得られるようにする。

2.2　By 2030, end all forms of malnutrition, including achieving, by 2025, the internationally agreed targets on stunting and wasting in children under 5 years of age, and address the nutritional needs of adolescent girls, pregnant and lactating women and older persons
2030年までに、あらゆる形態の栄養不良を解消し、成長期の女子、妊婦・授乳婦、高齢者の栄養ニーズに対処する。2025年までに5歳未満の子どもの発育阻害や消耗性疾患について国際的に合意した目標を達成する。

2.3　By 2030, double the agricultural productivity and incomes of small-scale food producers, in particular women, indigenous peoples, family farmers, pastoralists and fishers, including through secure and equal access to land, other productive resources and inputs, knowledge, financial services, markets and opportunities for value addition and non-farm employment
2030年までに、土地、その他の生産資源や投入財、知識、金融サービス、市場、高付加価値化や農業以外の就業の機会に確実・平等にアクセスできるようにすることなどにより、小規模食料生産者、特に女性や先住民、家族経営の農家・牧畜家・漁家の生産性と所得を倍増させる。

2.4　By 2030, ensure sustainable food production systems and implement resilient agricultural practices that increase productivity and production, that help maintain ecosystems, that strengthen capacity for adaptation to climate change, extreme weather, drought, flooding and other disasters and that progressively improve land and soil quality
2030年までに、持続可能な食料生産システムを確立し、レジリエントな農業を実践する。そのような農業は、生産性の向上や生産量の増大、生態系の維持につながり、気候変動や異常気象、干ばつ、洪水やその他の災害への適応能力を向上させ、着実に土地と土壌の質を改善する。

2.5　By 2020, maintain the genetic diversity of seeds, cultivated plants and farmed and domesticated animals and their related wild species, including through soundly managed and diversified seed and plant banks at the national, regional and international levels, and promote access to and fair and equitable sharing of benefits arising from the utilization of genetic resources and associated traditional knowledge, as internationally agreed
2020年までに、国、地域、国際レベルで適正に管理・多様化された種子・植物バンクなどを通じて、種子、栽培植物、家畜やその近縁野生種の遺伝的多様性を維持し、国際的合意にもとづき、遺伝資源やそれに関連する伝統的な知識の利用と、利用から生じる利益の公正・公平な配分を促進する。

2.a　Increase investment, including through enhanced international cooperation, in rural infrastructure, agricultural research and extension services, technology development and plant and livestock gene banks in order to enhance agricultural productive capacity in developing countries, in particular least developed countries
開発途上国、特に後発開発途上国の農業生産能力を高めるため、国際協力の強化などを通じて、農村インフラ、農業研究・普及サービス、技術開発、植物・家畜の遺伝子バンクへの投資を拡大する。

2.b Correct and prevent trade restrictions and distortions in world agricultural markets, including through the parallel elimination of all forms of agricultural export subsidies and all export measures with equivalent effect, in accordance with the mandate of the Doha Development Round

ドーハ開発ラウンド[4)]の決議に従い、あらゆる形態の農産物輸出補助金と、同等の効果がある輸出措置を並行して撤廃することなどを通じて、世界の農産物市場における貿易制限やひずみを是正・防止する。

2.c Adopt measures to ensure the proper functioning of food commodity markets and their derivatives and facilitate timely access to market information, including on food reserves, in order to help limit extreme food price volatility

食料価格の極端な変動に歯止めをかけるため、食品市場やデリバティブ[5)]市場が適正に機能するように対策を取り、食料備蓄などの市場情報がタイムリーに入手できるようにする。

[4)] ドーハ開発ラウンド：2001 年 11 月のドーハ閣僚会議で開始が決定された、世界貿易機関（WTO）発足後初となるラウンドのこと。閣僚会議の開催場所（カタールの首都ドーハ）にちなんで「ドーハ・ラウンド」と呼ばれるが、正式には「ドーハ開発アジェンダ」と言う。

[5)] デリバティブ：株式、債券、為替などの元になる金融商品（原資産）から派生して誕生した金融商品のこと。

Goal 3

Ensure healthy lives and promote well-being for all at all ages
あらゆる年齢のすべての人々の健康的な生活を確実にし、福祉を推進する

3.1 By 2030, reduce the global maternal mortality ratio to less than 70 per 100,000 live births
2030 年までに、世界の妊産婦の死亡率を出生 10 万人あたり 70 人未満にまで下げる。

3.2 By 2030, end preventable deaths of newborns and children under 5 years of age, with all countries aiming to reduce neonatal mortality to at least as low as 12 per 1,000 live births and under-5 mortality to at least as low as 25 per 1,000 live births
2030 年までに、すべての国々が、新生児の死亡率を出生 1000 人あたり 12 人以下に、5 歳未満児の死亡率を出生 1000 人あたり 25 人以下に下げることを目指し、新生児と 5 歳未満児の防ぐことができる死亡をなくす。

3.3 By 2030, end the epidemics of AIDS, tuberculosis, malaria and neglected tropical diseases and combat hepatitis, water-borne diseases and other communicable diseases
2030 年までに、エイズ、結核、マラリア、顧みられない熱帯病[6]といった感染症を根絶し、肝炎、水系感染症、その他の感染症に立ち向かう。

3.4 By 2030, reduce by one third premature mortality from non-communicable diseases through prevention and treatment and promote mental health and well- being
2030 年までに、非感染性疾患による早期死亡率を予防や治療により 3 分の 1 減らし、心の健康と福祉を推進する。

3.5 Strengthen the prevention and treatment of substance abuse, including narcotic drug abuse and harmful use of alcohol
麻薬・薬物乱用や有害なアルコール摂取の防止や治療を強化する。

3.6 By 2020, halve the number of global deaths and injuries from road traffic accidents
2020 年までに、世界の道路交通事故による死傷者の数を半分に減らす。

3.7 By 2030, ensure universal access to sexual and reproductive health-care services, including for family planning, information and education, and the integration of reproductive health into national strategies and programmes
2030 年までに、家族計画や情報・教育を含む性と生殖に関する保健サービスをすべての人々が確実に利用できるようにし、性と生殖に関する健康（リプロダクティブ・ヘルス）を国家戦略・計画に確実に組み入れる。

3.8 Achieve universal health coverage, including financial risk protection, access to quality essential health-care services and access to safe, effective, quality and affordable essential medicines and vaccines for all
すべての人々が、経済的リスクに対する保護、質が高く不可欠な保健サービスや、安全・効果的で質が高く安価な必須医薬品やワクチンを利用できるようになることを含む、ユニバーサル・ヘルス・カバレッジ（UHC）[7]を達成する。

3.9 By 2030, substantially reduce the number of deaths and illnesses from hazardous chemicals and air, water and soil pollution and contamination
2030 年までに、有害化学物質や大気・水質・土壌の汚染による死亡や疾病の数を大幅に減らす。

3.a Strengthen the implementation of the World Health Organization Framework Convention on Tobacco Control in all countries, as appropriate
すべての国々で適切に、たばこの規制に関する世界保健機関枠組条約の実施を強化する。

3.b　Support the research and development of vaccines and medicines for the communicable and non-communicable diseases that primarily affect developing countries, provide access to affordable essential medicines and vaccines, in accordance with the Doha Declaration on the TRIPS Agreement and Public Health, which affirms the right of developing countries to use to the full the provisions in the Agreement on Trade-Related Aspects of Intellectual Property Rights regarding flexibilities to protect public health, and, in particular, provide access to medicines for all

　　　　おもに開発途上国に影響を及ぼす感染性や非感染性疾患のワクチンや医薬品の研究開発を支援する。また、「TRIPS協定（知的所有権の貿易関連の側面に関する協定）と公衆の健康に関するドーハ宣言」に従い、安価な必須医薬品やワクチンが利用できるようにする。同宣言は、公衆衛生を保護し、特にすべての人々が医薬品を利用できるようにするために「TRIPS協定」の柔軟性に関する規定を最大限に行使する開発途上国の権利を認めるものである。

3.c　Substantially increase health financing and the recruitment, development, training and retention of the health workforce in developing countries, especially in least developed countries and small island developing States

　　　　開発途上国、特に後発開発途上国や小島嶼開発途上国で、保健財政や、保健人材の採用、能力開発、訓練、定着を大幅に拡大する。

3.d　Strengthen the capacity of all countries, in particular developing countries, for early warning, risk reduction and management of national and global health risks

　　　　すべての国々、特に開発途上国で、国内および世界で発生する健康リスクの早期警告やリスク軽減・管理のための能力を強化する。

---

6)　顧みられない熱帯病：おもに熱帯地域で蔓延する寄生虫や細菌感染症のこと。
7)　ユニバーサル・ヘルス・カバレッジ（UHC）：すべての人々が、基礎的な保健サービスを必要なときに負担可能な費用で受けられること。

Goal 4

Ensure inclusive and equitable quality education and promote lifelong learning opportunities for all

すべての人々に、だれもが受けられる公平で質の高い教育を提供し、生涯学習の機会を促進する

4.1　By 2030, ensure that all girls and boys complete free, equitable and quality primary and secondary education leading to relevant and effective learning outcomes
2030年までに、すべての少女と少年が、適切で効果的な学習成果をもたらす、無償かつ公正で質の高い初等教育・中等教育を修了できるようにする。

4.2　By 2030, ensure that all girls and boys have access to quality early childhood development, care and pre-primary education so that they are ready for primary education
2030年までに、すべての少女と少年が、初等教育を受ける準備が整うよう、乳幼児向けの質の高い発達支援やケア、就学前教育を受けられるようにする。

4.3　By 2030, ensure equal access for all women and men to affordable and quality technical, vocational and tertiary education, including university
2030年までに、すべての女性と男性が、手頃な価格で質の高い技術教育や職業教育、そして大学を含む高等教育を平等に受けられるようにする。

4.4　By 2030, substantially increase the number of youth and adults who have relevant skills, including technical and vocational skills, for employment, decent jobs and entrepreneurship
2030年までに、就職や働きがいのある人間らしい仕事、起業に必要な、技術的・職業的スキルなどの技能をもつ若者と成人の数を大幅に増やす。

4.5　By 2030, eliminate gender disparities in education and ensure equal access to all levels of education and vocational training for the vulnerable, including persons with disabilities, indigenous peoples and children in vulnerable situations
2030年までに、教育におけるジェンダー格差をなくし、障害者、先住民、状況の変化の影響を受けやすい子どもなど、社会的弱者があらゆるレベルの教育や職業訓練を平等に受けられるようにする。

4.6　By 2030, ensure that all youth and a substantial proportion of adults, both men and women, achieve literacy and numeracy
2030年までに、すべての若者と大多数の成人が、男女ともに、読み書き能力と基本的な計算能力を身につけられるようにする。

4.7　By 2030, ensure that all learners acquire the knowledge and skills needed to promote sustainable development, including, among others, through education for sustainable development and sustainable lifestyles, human rights, gender equality, promotion of a culture of peace and non-violence, global citizenship and appreciation of cultural diversity and of culture 's contribution to sustainable development
2030年までに、すべての学習者が、とりわけ持続可能な開発のための教育と、持続可能なライフスタイル、人権、ジェンダー平等、平和と非暴力文化の推進、グローバル・シチズンシップ（＝地球市民の精神）、文化多様性の尊重、持続可能な開発に文化が貢献することの価値認識、などの教育を通して、持続可能な開発を促進するために必要な知識とスキルを確実に習得できるようにする。

4.a　Build and upgrade education facilities that are child, disability and gender sensitive and provide safe, non-violent, inclusive and effective learning environments for all
子どもや障害のある人々、ジェンダーに配慮の行き届いた教育施設を建設・改良し、すべての人々にとって安全で、暴力がなく、だれもが利用できる、効果的な学習環境を提供する。

4.b   By 2020, substantially expand globally the number of scholarships available to developing countries, in particular least developed countries, small island developing States and African countries, for enrolment in higher education, including vocational training and information and communications technology, technical, engineering and scientific programmes, in developed countries and other developing countries

2020年までに、先進国やその他の開発途上国で、職業訓練、情報通信技術（ICT）、技術・工学・科学プログラムなどを含む高等教育を受けるための、開発途上国、特に後発開発途上国や小島嶼開発途上国、アフリカ諸国を対象とした奨学金の件数を全世界で大幅に増やす。

4.c   By 2030, substantially increase the supply of qualified teachers, including through international cooperation for teacher training in developing countries, especially least developed countries and small island developing States

2030年までに、開発途上国、特に後発開発途上国や小島嶼開発途上国における教員養成のための国際協力などを通じて、資格をもつ教員の数を大幅に増やす。

Goal 5

Achieve gender equality and empower all women and girls
ジェンダー平等を達成し、すべての女性・少女のエンパワーメント
を行う

5.1	End all forms of discrimination against all women and girls everywhere あらゆる場所で、すべての女性・少女に対するあらゆる形態の差別をなくす。
5.2	Eliminate all forms of violence against all women and girls in the public and private spheres, including trafficking and sexual and other types of exploitation 人身売買や性的・その他の搾取を含め、公的・私的な場で、すべての女性・少女に対するあらゆる形態の暴力をなくす。
5.3	Eliminate all harmful practices, such as child, early and forced marriage and female genital mutilation 児童婚、早期結婚、強制結婚、女性性器切除など、あらゆる有害な慣行をなくす。
5.4	Recognize and value unpaid care and domestic work through the provision of public services, infrastructure and social protection policies and the promotion of shared responsibility within the household and the family as nationally appropriate 公共サービス、インフラ、社会保障政策の提供や、各国の状況に応じた世帯・家族内での責任分担を通じて、無報酬の育児・介護や家事労働を認識し評価する。
5.5	Ensure women's full and effective participation and equal opportunities for leadership at all levels of decision-making in political, economic and public life 政治、経済、公共の場でのあらゆるレベルの意思決定において、完全で効果的な女性の参画と平等なリーダーシップの機会を確保する。
5.6	Ensure universal access to sexual and reproductive health and reproductive rights as agreed in accordance with the Programme of Action of the International Conference on Population and Development and the Beijing Platform for Action and the outcome documents of their review conferences 国際人口開発会議（ICPD）の行動計画と、北京行動綱領およびその検証会議の成果文書への合意にもとづき、性と生殖に関する健康と権利をだれもが手に入れられるようにする。
5.a	Undertake reforms to give women equal rights to economic resources, as well as access to ownership and control over land and other forms of property, financial services, inheritance and natural resources, in accordance with national laws 女性が経済的資源に対する平等の権利を得るとともに、土地・その他の財産、金融サービス、相続財産、天然資源を所有・管理できるよう、各国法にもとづき改革を行う。
5.b	Enhance the use of enabling technology, in particular information and communications technology, to promote the empowerment of women 女性のエンパワーメント[8]を促進するため、実現技術、特に情報通信技術（ICT）の活用を強化する。
5.c	Adopt and strengthen sound policies and enforceable legislation for the promotion of gender equality and the empowerment of all women and girls at all levels ジェンダー平等の促進と、すべての女性・少女のあらゆるレベルにおけるエンパワーメントのため、適正な政策や拘束力のある法律を導入し強化する。

---

[8]　エンパワーメント：一人ひとりが、自らの意思で決定をし、状況を変革していく力を身につけること。

Goal 6

Ensure availability and sustainable management of water and sanitation for all

すべての人々が水と衛生施設を利用できるようにし、持続可能な水・衛生管理を確実にする

6.1	By 2030, achieve universal and equitable access to safe and affordable drinking water for all 2030 年までに、すべての人々が等しく、安全で入手可能な価格の飲料水を利用できるようにする。
6.2	By 2030, achieve access to adequate and equitable sanitation and hygiene for all and end open defecation, paying special attention to the needs of women and girls and those in vulnerable situations 2030 年までに、女性や少女、状況の変化の影響を受けやすい人々のニーズに特に注意を向けながら、すべての人々が適切・公平に下水施設・衛生施設を利用できるようにし、屋外での排泄をなくす。
6.3	By 2030, improve water quality by reducing pollution, eliminating dumping and minimizing release of hazardous chemicals and materials, halving the proportion of untreated wastewater and substantially increasing recycling and safe reuse globally 2030 年までに、汚染を減らし、投棄をなくし、有害な化学物質や危険物の放出を最小化し、未処理の排水の割合を半減させ、再生利用と安全な再利用を世界中で大幅に増やすことによって、水質を改善する。
6.4	By 2030, substantially increase water-use efficiency across all sectors and ensure sustainable withdrawals and supply of freshwater to address water scarcity and substantially reduce the number of people suffering from water scarcity 2030 年までに、水不足に対処し、水不足の影響を受ける人々の数を大幅に減らすために、あらゆるセクターで水の利用効率を大幅に改善し、淡水の持続可能な採取・供給を確実にする。
6.5	By 2030, implement integrated water resources management at all levels, including through transboundary cooperation as appropriate 2030 年までに、必要に応じて国境を越えた協力などを通じ、あらゆるレベルでの統合水資源管理を実施する。
6.6	By 2020, protect and restore water-related ecosystems, including mountains, forests, wetlands, rivers, aquifers and lakes 2020 年までに、山地、森林、湿地、河川、帯水層、湖沼を含めて、水系生態系の保護・回復を行う。
6.a	By 2030, expand international cooperation and capacity-building support to developing countries in water- and sanitation-related activities and programmes, including water harvesting, desalination, water efficiency, wastewater treatment, recycling and reuse technologies 2030 年までに、集水、海水の淡水化、効率的な水利用、排水処理、再生利用や再利用の技術を含め、水・衛生分野の活動や計画において、開発途上国に対する国際協力と能力構築の支援を拡大する。
6.b	Support and strengthen the participation of local communities in improving water and sanitation management 水・衛生管理の向上に地域コミュニティが関わることを支援し強化する。

Goal 7

Ensure access to affordable, reliable, sustainable and modern energy for all

すべての人々が、手頃な価格で信頼性の高い持続可能で現代的なエネルギーを利用できるようにする

7.1　By 2030, ensure universal access to affordable, reliable and modern energy services
2030 年までに、手頃な価格で信頼性の高い現代的なエネルギーサービスをすべての人々が利用できるようにする。

7.2　By 2030, increase substantially the share of renewable energy in the global energy mix
2030 年までに、世界のエネルギーミックス[9]における再生可能エネルギーの割合を大幅に増やす。

7.3　By 2030, double the global rate of improvement in energy efficiency
2030 年までに、世界全体のエネルギー効率の改善率を倍増させる。

7.a　By 2030, enhance international cooperation to facilitate access to clean energy research and technology, including renewable energy, energy efficiency and advanced and cleaner fossil-fuel technology, and promote investment in energy infrastructure and clean energy technology
2030 年までに、再生可能エネルギー、エネルギー効率、先進的でより環境負荷の低い化石燃料技術など、クリーンなエネルギーの研究や技術の利用を進めるための国際協力を強化し、エネルギー関連インフラとクリーンエネルギー技術への投資を促進する。

7.b　By 2030, expand infrastructure and upgrade technology for supplying modern and sustainable energy services for all in developing countries, in particular least developed countries, small island developing States and landlocked developing countries, in accordance with their respective programmes of support
2030 年までに、各支援プログラムに沿って、開発途上国、特に後発開発途上国や小島嶼開発途上国、内陸開発途上国において、すべての人々に現代的で持続可能なエネルギーサービスを提供するためのインフラを拡大し、技術を向上させる。

---

9)　エネルギーミックス：エネルギー（おもに電力）を生み出す際の、発生源となる石油、石炭、原子力、天然ガス、水力、地熱、太陽熱など一次エネルギーの組み合わせ、配分、構成比のこと。

Goal 8

Promote sustained, inclusive and sustainable economic growth, full and productive employment and decent work for all

すべての人々にとって、持続的でだれも排除しない持続可能な経済成長、完全かつ生産的な雇用、働きがいのある人間らしい仕事（ディーセント・ワーク）を促進する

8.1	Sustain per capita economic growth in accordance with national circumstances and, in particular, at least 7 per cent gross domestic product growth per annum in the least developed countries 各国の状況に応じて、一人あたりの経済成長率を持続させ、特に後発開発途上国では少なくとも年率 7 ％の GDP 成長率を保つ。
8.2	Achieve higher levels of economic productivity through diversification, technological upgrading and innovation, including through a focus on high-value added and labour-intensive sectors 高付加価値セクターや労働集約型セクターに重点を置くことなどにより、多様化や技術向上、イノベーションを通じて、より高いレベルの経済生産性を達成する。
8.3	Promote development-oriented policies that support productive activities, decent job creation, entrepreneurship, creativity and innovation, and encourage the formalization and growth of micro-, small- and medium-sized enterprises, including through access to financial services 生産的な活動、働きがいのある人間らしい職の創出、起業家精神、創造性やイノベーションを支援する開発重視型の政策を推進し、金融サービスの利用などを通じて中小零細企業の設立や成長を促す。
8.4	Improve progressively, through 2030, global resource efficiency in consumption and production and endeavour to decouple economic growth from environmental degradation, in accordance with the 10-Year Framework of Programmes on Sustainable Consumption and Production, with developed countries taking the lead 2030 年までに、消費と生産における世界の資源効率を着実に改善し、先進国主導のもと、「持続可能な消費と生産に関する 10 カ年計画枠組み」に従って、経済成長が環境悪化につながらないようにする。
8.5	By 2030, achieve full and productive employment and decent work for all women and men, including for young people and persons with disabilities, and equal pay for work of equal value 2030 年までに、若者や障害者を含むすべての女性と男性にとって、完全かつ生産的な雇用と働きがいのある人間らしい仕事（ディーセント・ワーク）を実現し、同一労働同一賃金を達成する。
8.6	By 2020, substantially reduce the proportion of youth not in employment, education or training 2020 年までに、就労、就学、職業訓練のいずれも行っていない若者の割合を大幅に減らす。
8.7	Take immediate and effective measures to eradicate forced labour, end modern slavery and human trafficking and secure the prohibition and elimination of the worst forms of child labour, including recruitment and use of child soldiers, and by 2025 end child labour in all its forms 強制労働を完全になくし、現代的奴隷制と人身売買を終わらせ、子ども兵士の募集・使用を含めた、最悪な形態の児童労働を確実に禁止・撤廃するための効果的な措置をただちに実施し、2025 年までにあらゆる形態の児童労働をなくす。
8.8	Protect labour rights and promote safe and secure working environments for all workers, including migrant workers, in particular women migrants, and those in precarious employment 移住労働者、特に女性の移住労働者や不安定な雇用状態にある人々を含め、すべての労働者を対象に、労働基本権を保護し安全・安心な労働環境を促進する。
8.9	By 2030, devise and implement policies to promote sustainable tourism that creates jobs and promotes local culture and products 2030 年までに、雇用創出や各地の文化振興・産品販促につながる、持続可能な観光業を推進する政策を立案・実施する。

8.10	Strengthen the capacity of domestic financial institutions to encourage and expand access to banking, insurance and financial services for all すべての人々が銀行取引、保険、金融サービスを利用できるようにするため、国内の金融機関の能力を強化する。
8.a	Increase Aid for Trade support for developing countries, in particular least developed countries, including through the Enhanced Integrated Framework for Trade-related Technical Assistance to Least Developed Countries 「後発開発途上国への貿易関連技術支援のための拡大統合フレームワーク（EIF)」などを通じて、開発途上国、特に後発開発途上国に対する「貿易のための援助（AfT)」を拡大する。
8.b	By 2020, develop and operationalize a global strategy for youth employment and implement the Global Jobs Pact of the International Labour Organization 2020年までに、若者の雇用のために世界規模の戦略を展開・運用可能にし、国際労働機関（ILO）の「仕事に関する世界協定」を実施する。

Goal 9

Build resilient infrastructure, promote inclusive and sustainable industrialization and foster innovation

レジリエントなインフラを構築し、だれもが参画できる持続可能な産業化を促進し、イノベーションを推進する

9.1	Develop quality, reliable, sustainable and resilient infrastructure, including regional and transborder infrastructure, to support economic development and human well-being, with a focus on affordable and equitable access for all 経済発展と人間の幸福をサポートするため、すべての人々が容易かつ公平に利用できることに重点を置きながら、地域内および国境を越えたインフラを含む、質が高く信頼性があり持続可能でレジリエントなインフラを開発する。
9.2	Promote inclusive and sustainable industrialization and, by 2030, significantly raise industry's share of employment and gross domestic product, in line with national circumstances, and double its share in least developed countries だれもが参画できる持続可能な産業化を促進し、2030年までに、各国の状況に応じて雇用やGDPに占める産業セクターの割合を大幅に増やす。後発開発途上国ではその割合を倍にする。
9.3	Increase the access of small-scale industrial and other enterprises, in particular in developing countries, to financial services, including affordable credit, and their integration into value chains and markets より多くの小規模製造業やその他の企業が、特に開発途上国で、利用しやすい融資などの金融サービスを受けることができ、バリューチェーン[10]や市場に組み込まれるようにする。
9.4	By 2030, upgrade infrastructure and retrofit industries to make them sustainable, with increased resource-use efficiency and greater adoption of clean and environmentally sound technologies and industrial processes, with all countries taking action in accordance with their respective capabilities 2030年までに、インフラを改良し持続可能な産業につくり変える。そのために、すべての国々が自国の能力に応じた取り組みを行ないながら、資源利用効率の向上とクリーンで環境に配慮した技術・産業プロセスの導入を拡大する。
9.5	Enhance scientific research, upgrade the technological capabilities of industrial sectors in all countries, in particular developing countries, including, by 2030, encouraging innovation and substantially increasing the number of research and development workers per 1 million people and public and private research and development spending 2030年までに、開発途上国をはじめとするすべての国々で科学研究を強化し、産業セクターの技術能力を向上させる。そのために、イノベーションを促進し、100万人あたりの研究開発従事者の数を大幅に増やし、官民による研究開発費を増加する。
9.a	Facilitate sustainable and resilient infrastructure development in developing countries through enhanced financial, technological and technical support to African countries, least developed countries, landlocked developing countries and small island developing States アフリカ諸国、後発開発途上国、内陸開発途上国、小島嶼開発途上国への金融・テクノロジー・技術の支援強化を通じて、開発途上国における持続可能でレジリエントなインフラ開発を促進する。
9.b	Support domestic technology development, research and innovation in developing countries, including by ensuring a conducive policy environment for, inter alia, industrial diversification and value addition to commodities 開発途上国の国内における技術開発、研究、イノベーションを、特に産業の多様化を促し商品の価値を高めるための政策環境を保障することなどによって支援する。
9.c	Significantly increase access to information and communications technology and strive to provide universal and affordable access to the Internet in least developed countries by 2020 情報通信技術（ICT）へのアクセスを大幅に増やし、2020年までに、後発開発途上国でだれもが当たり前のようにインターネットを使えるようにする。

---

10) バリューチェーン：企業活動における業務の流れを、調達、製造、販売、保守などと機能単位に分割してとらえ、各機能単位が生み出す価値を分析して最大化することを目指す考え方。

Goal 10

Reduce inequality within and among countries
国内および各国間の不平等を減らす

10.1 　By 2030, progressively achieve and sustain income growth of the bottom 40 per cent of the population at a rate higher than the national average
2030年までに、各国の所得下位40％の人々の所得の伸び率を、国内平均を上回る数値で着実に達成し維持する。

10.2 　By 2030, empower and promote the social, economic and political inclusion of all, irrespective of age, sex, disability, race, ethnicity, origin, religion or economic or other status
2030年までに、年齢、性別、障害、人種、民族、出自、宗教、経済的地位やその他の状況にかかわらず、すべての人々に社会的・経済的・政治的に排除されず参画できる力を与え、その参画を推進する。

10.3 　Ensure equal opportunity and reduce inequalities of outcome, including by eliminating discriminatory laws, policies and practices and promoting appropriate legislation, policies and action in this regard
差別的な法律や政策、慣行を撤廃し、関連する適切な立法や政策、行動を推進することによって、機会均等を確実にし、結果の不平等を減らす。

10.4 　Adopt policies, especially fiscal, wage and social protection policies, and progressively achieve greater equality
財政、賃金、社会保障政策といった政策を重点的に導入し、さらなる平等を着実に達成する。

10.5 　Improve the regulation and monitoring of global financial markets and institutions and strengthen the implementation of such regulations
世界の金融市場と金融機関に対する規制とモニタリングを改善し、こうした規制の実施を強化する。

10.6 　Ensure enhanced representation and voice for developing countries in decision-making in global international economic and financial institutions in order to deliver more effective, credible, accountable and legitimate institutions
より効果的で信頼でき、説明責任のある正当な制度を実現するため、地球規模の経済および金融に関する国際機関での意思決定における開発途上国の参加や発言力を強める。

10.7 　Facilitate orderly, safe, regular and responsible migration and mobility of people, including through the implementation of planned and well-managed migration policies
計画的でよく管理された移住政策の実施などにより、秩序のとれた、安全かつ正規の、責任ある移住や人の移動を促進する。

10.a 　Implement the principle of special and differential treatment for developing countries, in particular least developed countries, in accordance with World Trade Organization agreements
世界貿易機関（WTO）協定に従い、開発途上国、特に後発開発途上国に対して「特別かつ異なる待遇（S&D）」の原則を適用する。

10.b 　Encourage official development assistance and financial flows, including foreign direct investment, to States where the need is greatest, in particular least developed countries, African countries, small island developing States and landlocked developing countries, in accordance with their national plans and programmes
各国の国家計画やプログラムに従って、ニーズが最も大きい国々、特に後発開発途上国、アフリカ諸国、小島嶼開発途上国、内陸開発途上国に対し、政府開発援助（ODA）や海外直接投資を含む資金の流入を促進する。

10.c 　By 2030, reduce to less than 3 per cent the transaction costs of migrant remittances and eliminate remittance corridors with costs higher than 5 per cent
2030年までに、移民による送金のコストを3％未満に引き下げ、コストが5％を超える送金経路を完全になくす。

Goal 11

Make cities and human settlements inclusive, safe, resilient and sustainable

都市や人間の居住地をだれも排除せず安全かつレジリエントで持続可能にする

11.1	By 2030, ensure access for all to adequate, safe and affordable housing and basic services and upgrade slums 2030年までに、すべての人々が、適切で安全・安価な住宅と基本的サービスを確実に利用できるようにし、スラムを改善する。
11.2	By 2030, provide access to safe, affordable, accessible and sustainable transport systems for all, improving road safety, notably by expanding public transport, with special attention to the needs of those in vulnerable situations, women, children, persons with disabilities and older persons 2030年までに、弱い立場にある人々、女性、子ども、障害者、高齢者のニーズに特に配慮しながら、とりわけ公共交通機関の拡大によって交通の安全性を改善して、すべての人々が、安全で、手頃な価格の、使いやすく持続可能な輸送システムを利用できるようにする。
11.3	By 2030, enhance inclusive and sustainable urbanization and capacity for participatory, integrated and sustainable human settlement planning and management in all countries 2030年までに、すべての国々で、だれも排除しない持続可能な都市化を進め、参加型で差別のない持続可能な人間居住を計画・管理する能力を強化する。
11.4	Strengthen efforts to protect and safeguard the world's cultural and natural heritage 世界の文化遺産・自然遺産を保護・保全する取り組みを強化する。
11.5	By 2030, significantly reduce the number of deaths and the number of people affected and substantially decrease the direct economic losses relative to global gross domestic product caused by disasters, including water-related disasters, with a focus on protecting the poor and people in vulnerable situations 2030年までに、貧困層や弱い立場にある人々の保護に焦点を当てながら、水関連災害を含め、災害による死者や被災者の数を大きく減らし、世界のGDP比における直接的経済損失を大幅に縮小する。
11.6	By 2030, reduce the adverse per capita environmental impact of cities, including by paying special attention to air quality and municipal and other waste management 2030年までに、大気環境や、自治体などによる廃棄物の管理に特に注意することで、都市の一人あたりの環境上の悪影響を小さくする。
11.7	By 2030, provide universal access to safe, inclusive and accessible, green and public spaces, in particular for women and children, older persons and persons with disabilities 2030年までに、すべての人々、特に女性、子ども、高齢者、障害者などが、安全でだれもが使いやすい緑地や公共スペースを利用できるようにする。
11.a	Support positive economic, social and environmental links between urban, peri-urban and rural areas by strengthening national and regional development planning 各国・各地域の開発計画を強化することにより、経済・社会・環境面における都市部、都市周辺部、農村部の間の良好なつながりをサポートする。
11.b	By 2030, substantially increase the number of cities and human settlements adopting and implementing integrated policies and plans towards inclusion, resource efficiency, mitigation and adaptation to climate change, resilience to disasters, and develop and implement, in line with the Sendai Framework for Disaster Risk Reduction 2015 –2030, holistic disaster risk management at all levels 2020年までに、すべての人々を含むことを目指し、資源効率、気候変動の緩和と適応、災害に対するレジリエンスを目的とした総合的政策・計画を導入・実施する都市や集落の数を大幅に増やし、「仙台防災枠組2015-2030」に沿って、あらゆるレベルで総合的な災害リスク管理を策定し実施する。

11.c　Support least developed countries, including through financial and technical assistance, in building sustainable and resilient buildings utilizing local materials
財政・技術支援などを通じ、現地の資材を用いた持続可能でレジリエントな建物の建築について、後発開発途上国を支援する。

Goal 12

Ensure sustainable consumption and production patterns
持続可能な消費・生産形態を確実にする

12.1　Implement the 10-Year Framework of Programmes on Sustainable Consumption and Production Patterns, all countries taking action, with developed countries taking the lead, taking into account the development and capabilities of developing countries
先進国主導のもと、開発途上国の開発状況や能力を考慮しつつ、すべての国々が行動を起こし、「持続可能な消費と生産に関する10年計画枠組み（10YFP）」を実施する。

12.2　By 2030, achieve the sustainable management and efficient use of natural resources
2030年までに、天然資源の持続可能な管理と効率的な利用を実現する。

12.3　By 2030, halve per capita global food waste at the retail and consumer levels and reduce food losses along production and supply chains, including post-harvest losses
2030年までに、小売・消費者レベルにおける世界全体の一人あたり食品廃棄を半分にし、収穫後の損失を含めて生産・サプライチェーンにおける食品ロスを減らす。

12.4　By 2020, achieve the environmentally sound management of chemicals and all wastes throughout their life cycle, in accordance with agreed international
　frameworks, and significantly reduce their release to air, water and soil in order to minimize their adverse impacts on human health and the environment
2020年までに、合意された国際的な枠組みに従い、製品ライフサイクル全体を通して化学物質や廃棄物の環境に配慮した管理を実現し、人の健康や環境への悪影響を最小限に抑えるため、大気、水、土壌への化学物質や廃棄物の放出を大幅に減らす。

12.5　By 2030, substantially reduce waste generation through prevention, reduction, recycling and reuse
2030年までに、廃棄物の発生を、予防、削減（リデュース）、再生利用（リサイクル）や再利用（リユース）により大幅に減らす。

12.6　Encourage companies, especially large and transnational companies, to adopt sustainable practices and to integrate sustainability information into their reporting cycle
企業、特に大企業や多国籍企業に対し、持続可能な取り組みを導入し、持続可能性に関する情報を定期報告に盛り込むよう促す。

12.7　Promote public procurement practices that are sustainable, in accordance with national policies and priorities
国内の政策や優先事項に従って、持続可能な公共調達の取り組みを促進する。

12.8　By 2030, ensure that people everywhere have the relevant information and awareness for sustainable development and lifestyles in harmony with nature
2030年までに、人々があらゆる場所で、持続可能な開発や自然と調和したライフスタイルのために、適切な情報が得られ意識がもてるようにする。

12.a　Support developing countries to strengthen their scientific and technological capacity to move towards more sustainable patterns of consumption and production
より持続可能な消費・生産形態に移行するため、開発途上国の科学的・技術的能力の強化を支援する。

12.b　Develop and implement tools to monitor sustainable development impacts for sustainable tourism that creates jobs and promotes local culture and products
雇用創出や地域の文化振興・産品販促につながる持続可能な観光業に対して、持続可能な開発がもたらす影響を測定する手法を開発・導入する。

12.c　Rationalize inefficient fossil-fuel subsidies that encourage wasteful consumption by removing market distortions, in accordance with national circumstances, including by restructuring taxation and phasing out those harmful subsidies, where they exist, to reflect their environmental impacts, taking fully into account the specific needs and conditions of developing countries and minimizing the possible adverse impacts on their development in a manner that protects the poor and the affected communities

税制を改正し、有害な補助金がある場合は環境への影響を考慮して段階的に廃止するなど、各国の状況に応じて市場のひずみをなくすことで、無駄な消費につながる化石燃料への非効率な補助金を合理化する。その際には、開発途上国の特別なニーズや状況を十分に考慮し、貧困層や影響を受けるコミュニティを保護する形で、開発における悪影響を最小限に留める。

Goal 13

Take urgent action to combat climate change and its impacts

気候変動とその影響に立ち向かうため、緊急対策を実施する*

13.1	Strengthen resilience and adaptive capacity to climate-related hazards and natural disasters in all countries すべての国々で、気候関連の災害や自然災害に対するレジリエンスと適応力を強化する。
13.2	Integrate climate change measures into national policies, strategies and planning 気候変動対策を、国の政策や戦略、計画に統合する。
13.3	Improve education, awareness-raising and human and institutional capacity on climate change mitigation, adaptation, impact reduction and early warning 気候変動の緩和策と適応策、影響の軽減、早期警戒に関する教育、啓発、人的能力、組織の対応能力を改善する。
13.a	Implement the commitment undertaken by developed-country parties to the United Nations Framework Convention on Climate Change to a goal of mobilizing jointly $100 billion annually by 2020 from all sources to address the needs of developing countries in the context of meaningful mitigation actions and transparency on implementation and fully operationalize the Green Climate Fund through its capitalization as soon as possible 重要な緩和行動と、その実施における透明性確保に関する開発途上国のニーズに対応するため、2020 年までにあらゆる供給源から年間 1,000 億ドルを共同で調達するという目標への、国連気候変動枠組条約（UNFCCC）を締約した先進国によるコミットメントを実施し、可能な限り早く資本を投入して「緑の気候基金」の本格的な運用を開始する。
13.b	Promote mechanisms for raising capacity for effective climate change-related planning and management in least developed countries and small island developing States, including focusing on women, youth and local and marginalized communities 女性や若者、地域コミュニティや社会の主流から取り残されたコミュニティに焦点を当てることを含め、後発開発途上国や小島嶼開発途上国で、気候変動関連の効果的な計画策定・管理の能力を向上させるしくみを推進する。

* Acknowledging that the United Nations Framework Convention on Climate Change is the primary international, intergovernmental forum for negotiating the global response to climate change.

* 国連気候変動枠組条約（UNFCCC）が、気候変動への世界的な対応について交渉を行う最優先の国際的政府間対話の場であると認識している。

Goal 14

Conserve and sustainably use the oceans, seas and marine resources for sustainable development

持続可能な開発のために、海洋や海洋資源を保全し持続可能な形で利用する

14.1 By 2025, prevent and significantly reduce marine pollution of all kinds, in particular from land-based activities, including marine debris and nutrient pollution
2025 年までに、海洋堆積物や富栄養化を含め、特に陸上活動からの汚染による、あらゆる種類の海洋汚染を防ぎ大幅に減らす。

14.2 By 2020, sustainably manage and protect marine and coastal ecosystems to avoid significant adverse impacts, including by strengthening their resilience, and take action for their restoration in order to achieve healthy and productive oceans
2020 年までに、重大な悪影響を回避するため、レジリエンスを高めることなどによって海洋・沿岸の生態系を持続的な形で管理・保護する。また、健全で豊かな海洋を実現するため、生態系の回復に向けた取り組みを行う。

14.3 Minimize and address the impacts of ocean acidification, including through enhanced scientific cooperation at all levels
あらゆるレベルでの科学的協力を強化するなどして、海洋酸性化の影響を最小限に抑え、その影響に対処する。

14.4 By 2020, effectively regulate harvesting and end overfishing, illegal, unreported and unregulated fishing and destructive fishing practices and implement science-based management plans, in order to restore fish stocks in the shortest time feasible, at least to levels that can produce maximum sustainable yield as determined by their biological characteristics
2020 年までに、漁獲を効果的に規制し、過剰漁業や違法・無報告・無規制（IUU）漁業、破壊的な漁業活動を終わらせ、科学的根拠にもとづいた管理計画を実施する。これにより、水産資源を、実現可能な最短期間で、少なくとも各資源の生物学的特性によって定められる最大持続生産量[11]のレベルまで回復させる。

14.5 By 2020, conserve at least 10 per cent of coastal and marine areas, consistent with national and international law and based on the best available scientific information
2020 年までに、国内法や国際法に従い、最大限入手可能な科学情報にもとづいて、沿岸域・海域の少なくとも 10 ％を保全する。

14.6 By 2020, prohibit certain forms of fisheries subsidies which contribute to overcapacity and overfishing, eliminate subsidies that contribute to illegal, unreported and unregulated fishing and refrain from introducing new such subsidies, recognizing that appropriate and effective special and differential treatment for developing and least developed countries should be an integral part of the World Trade Organization fisheries subsidies negotiation
2020 年までに、過剰漁獲能力や過剰漁獲につながる特定の漁業補助金を禁止し、違法・無報告・無規制（IUU）漁業につながる補助金を完全になくし、同様の新たな補助金を導入しない。その際、開発途上国や後発開発途上国に対する適切で効果的な「特別かつ異なる待遇（S&D)」が、世界貿易機関（WTO）漁業補助金交渉の不可欠な要素であるべきだと認識する。

14.7 By 2030, increase the economic benefits to small island developing States and least developed countries from the sustainable use of marine resources, including through sustainable management of fisheries, aquaculture and tourism
2030 年までに、漁業や水産養殖、観光業の持続可能な管理などを通じて、海洋資源の持続的な利用による小島嶼開発途上国や後発開発途上国の経済的便益を増やす。

14.a Increase scientific knowledge, develop research capacity and transfer marine technology, taking into account the Intergovernmental Oceanographic Commission Criteria and Guidelines on the Transfer of Marine Technology, in order to improve ocean health and to enhance the contribution of marine biodiversity to the development of developing countries, in particular small island developing States and least developed countries

海洋の健全性を改善し、海の生物多様性が、開発途上国、特に小島嶼開発途上国や後発開発途上国の開発にもたらす貢献を高めるために、「海洋技術の移転に関するユネスコ政府間海洋学委員会の基準・ガイドライン」を考慮しつつ、科学的知識を高め、研究能力を向上させ、海洋技術を移転する。

14.b Provide access for small-scale artisanal fishers to marine resources and markets

小規模で伝統的漁法の漁業者が、海洋資源を利用し市場に参入できるようにする。

14.c Enhance the conservation and sustainable use of oceans and their resources by implementing international law as reflected in the United Nations Convention on the Law of the Sea, which provides the legal framework for the conservation and sustainable use of oceans and their resources, as recalled in paragraph 158 of "The future we want"

「我々の求める未来」[12]の第158パラグラフで想起されるように、海洋や海洋資源の保全と持続可能な利用のための法的枠組みを規定する「海洋法に関する国際連合条約（UNCLOS）」に反映されている国際法を施行することにより、海洋や海洋資源の保全と持続可能な利用を強化する。

---

[11] 最大持続生産量：生物資源を減らすことなく得られる最大限の収穫のこと。おもにクジラを含む水産資源を対象に発展してきた資源管理概念。最大維持可能漁獲量とも言う。

[12] 「我々の求める未来」：2012年6月にブラジルのリオデジャネイロで開催された「国連持続可能な開発会議」（リオ＋20）で採択された成果文書。「The Future We Want」。

Goal 15

Protect, restore and promote sustainable use of terrestrial ecosystems, sustainably manage forests, combat desertification, and halt and reverse land degradation and halt biodiversity loss

陸の生態系を保護・回復するとともに持続可能な利用を推進し、持続可能な森林管理を行い、砂漠化を食い止め、土地劣化を阻止・回復し、生物多様性の損失を止める

15.1 By 2020, ensure the conservation, restoration and sustainable use of terrestrial and inland freshwater ecosystems and their services, in particular forests, wetlands, mountains and drylands, in line with obligations under international agreements
2020年までに、国際的合意にもとづく義務により、陸域・内陸淡水生態系とそのサービス[13]、特に森林、湿地、山地、乾燥地の保全と回復、持続可能な利用を確実なものにする。

15.2 By 2020, promote the implementation of sustainable management of all types of forests, halt deforestation, restore degraded forests and substantially increase afforestation and reforestation globally
2020年までに、あらゆる種類の森林の持続可能な経営の実施を促進し、森林減少を止め、劣化した森林を回復させ、世界全体で新規植林と再植林を大幅に増やす。

15.3 By 2030, combat desertification, restore degraded land and soil, including land affected by desertification, drought and floods, and strive to achieve a land degradation-neutral world
2030年までに、砂漠化を食い止め、砂漠化や干ばつ、洪水の影響を受けた土地を含む劣化した土地と土壌を回復させ、土地劣化を引き起こさない世界の実現に尽力する。

15.4 By 2030, ensure the conservation of mountain ecosystems, including their biodiversity, in order to enhance their capacity to provide benefits that are essential for sustainable development
2030年までに、持続可能な開発に不可欠な恩恵をもたらす能力を高めるため、生物多様性を含む山岳生態系の保全を確実に行う。

15.5 Take urgent and significant action to reduce the degradation of natural habitats, halt the loss of biodiversity and, by 2020, protect and prevent the extinction of threatened species
自然生息地の劣化を抑え、生物多様性の損失を止め、2020年までに絶滅危惧種を保護して絶滅を防ぐため、緊急かつ有効な対策を取る。

15.6 Promote fair and equitable sharing of the benefits arising from the utilization of genetic resources and promote appropriate access to such resources, as internationally agreed
国際合意にもとづき、遺伝資源の利用から生じる利益の公正・公平な配分を促進し、遺伝資源を取得する適切な機会を得られるようにする。

15.7 Take urgent action to end poaching and trafficking of protected species of flora and fauna and address both demand and supply of illegal wildlife products
保護の対象となっている動植物種の密猟や違法取引をなくすための緊急対策を実施し、違法な野生生物製品の需要と供給の両方に対処する。

15.8 By 2020, introduce measures to prevent the introduction and significantly reduce the impact of invasive alien species on land and water ecosystems and control or eradicate the priority species
2020年までに、外来種の侵入を防ぐとともに、これらの外来種が陸や海の生態系に及ぼす影響を大幅に減らすための対策を導入し、優占種[14]を制御または一掃する。

15.9 By 2020, integrate ecosystem and biodiversity values into national and local planning, development processes, poverty reduction strategies and accounts
2020年までに、生態系と生物多様性の価値を、国や地域の計画策定、開発プロセス、貧困削減のための戦略や会計に組み込む。

15.a	Mobilize and significantly increase financial resources from all sources to conserve and sustainably use biodiversity and ecosystems 生物多様性および生態系の保全と持続的な利用のために、あらゆる資金源から資金を調達し大幅に増やす。
15.b	Mobilize significant resources from all sources and at all levels to finance sustainable forest management and provide adequate incentives to developing countries to advance such management, including for conservation and reforestation 持続可能な森林管理に資金を提供するために、あらゆる供給源からあらゆるレベルで相当量の資金を調達し、保全や再植林を含む森林管理を推進するのに十分なインセンティブを開発途上国に与える。
15.c	Enhance global support for efforts to combat poaching and trafficking of protected species, including by increasing the capacity of local communities to pursue sustainable livelihood opportunities 地域コミュニティが持続的な生計機会を追求する能力を高めることなどにより、保護種の密猟や違法な取引を食い止める取り組みへの世界規模の支援を強化する。

---

13)　生態系サービス：生物・生態系に由来し、人間にとって利益となる機能のこと。
14)　優占種：生物群集で、量が特に多くて影響力が大きく、その群集の特徴を決定づけ代表する種。

Goal 16

Promote peaceful and inclusive societies for sustainable development, provide access to justice for all and build effective, accountable and inclusive institutions at all levels

持続可能な開発のための平和でだれをも受け入れる社会を促進し、すべての人々が司法を利用できるようにし、あらゆるレベルにおいて効果的で説明責任がありだれも排除しないしくみを構築する

16.1	Significantly reduce all forms of violence and related death rates everywhere すべての場所で、あらゆる形態の暴力と暴力関連の死亡率を大幅に減らす。
16.2	End abuse, exploitation, trafficking and all forms of violence against and torture of children 子どもに対する虐待、搾取、人身売買、あらゆる形態の暴力、そして子どもの拷問をなくす。
16.3	Promote the rule of law at the national and international levels and ensure equal access to justice for all 国および国際的なレベルでの法の支配を促進し、すべての人々が平等に司法を利用できるようにする。
16.4	By 2030, significantly reduce illicit financial and arms flows, strengthen the recovery and return of stolen assets and combat all forms of organized crime 2030 年までに、違法な資金の流れや武器の流通を大幅に減らし、奪われた財産の回収や返還を強化し、あらゆる形態の組織犯罪を根絶する。
16.5	Substantially reduce corruption and bribery in all their forms あらゆる形態の汚職や贈賄を大幅に減らす。
16.6	Develop effective, accountable and transparent institutions at all levels あらゆるレベルにおいて、効果的で説明責任があり透明性の高いしくみを構築する。
16.7	Ensure responsive, inclusive, participatory and representative decision- making at all levels あらゆるレベルにおいて、対応が迅速で、だれも排除しない、参加型・代議制の意思決定を保障する。
16.8	Broaden and strengthen the participation of developing countries in the institutions of global governance グローバル・ガバナンスのしくみへの開発途上国の参加を拡大・強化する。
16.9	By 2030, provide legal identity for all, including birth registration 2030 年までに、出生登録を含む法的な身分証明をすべての人々に提供する。
16.10	Ensure public access to information and protect fundamental freedoms, in accordance with national legislation and international agreements 国内法規や国際協定に従い、だれもが情報を利用できるようにし、基本的自由を保護する。
16.a	Strengthen relevant national institutions, including through international cooperation, for building capacity at all levels, in particular in developing countries, to prevent violence and combat terrorism and crime 暴力を防ぎ、テロリズムや犯罪に立ち向かうために、特に開発途上国で、あらゆるレベルでの能力向上のため、国際協力などを通じて関連する国家機関を強化する。
16.b	Promote and enforce non-discriminatory laws and policies for sustainable development 持続可能な開発のための差別的でない法律や政策を推進し施行する。

Goal 17

Strengthen the means of implementation and revitalize the Global Partnership for Sustainable Development

実施手段を強化し、「持続可能な開発のためのグローバル・パートナーシップ」を活性化する

Finance　資金

17.1　Strengthen domestic resource mobilization, including through international support to developing countries, to improve domestic capacity for tax and other revenue collection
税金・その他の歳入を徴収する国内の能力を向上させるため、開発途上国への国際支援などを通じて、国内の資金調達を強化する。

17.2　Developed countries to implement fully their official development assistance commitments, including the commitment by many developed countries to achieve the target of 0.7 per cent of gross national income for official development assistance (ODA/GNI) to developing countries and 0.15 to 0.20 per cent of ODA/GNI to least developed countries; ODA providers are encouraged to consider setting a target to provide at least 0.20 per cent of ODA/GNI to least developed countries
開発途上国に対する政府開発援助（ODA）を GNI[15]比 0.7％、後発開発途上国に対する ODA を GNI 比 0.15 ～ 0.20％にするという目標を達成するとした多くの先進国による公約を含め、先進国は ODA に関する公約を完全に実施する。ODA 供与国は、少なくとも GNI 比 0.20％の ODA を後発開発途上国に供与するという目標の設定を検討するよう奨励される。

17.3　Mobilize additional financial resources for developing countries from multiple sources
開発途上国のための追加的な資金を複数の財源から調達する。

17.4　Assist developing countries in attaining long-term debt sustainability through coordinated policies aimed at fostering debt financing, debt relief and debt restructuring, as appropriate, and address the external debt of highly indebted poor countries to reduce debt distress
必要に応じて、負債による資金調達、債務救済、債務再編などの促進を目的とした協調的な政策を通じ、開発途上国の長期的な債務の持続可能性の実現を支援し、債務リスクを軽減するために重債務貧困国（HIPC）の対外債務に対処する。

17.5　Adopt and implement investment promotion regimes for least developed countries
後発開発途上国のための投資促進枠組みを導入・実施する。

Technology　技術

17.6　Enhance North-South, South-South and triangular regional and international cooperation on and access to science, technology and innovation and enhance knowledge sharing on mutually agreed terms, including through improved coordination among existing mechanisms, in particular at the United Nations level, and through a global technology facilitation mechanism
科学技術イノベーション（STI）に関する南北協力や南南協力、地域的・国際的な三角協力、および科学技術イノベーションへのアクセスを強化する。国連レベルをはじめとする既存のメカニズム間の調整を改善することや、全世界的な技術促進メカニズムなどを通じて、相互に合意した条件で知識の共有を進める。

17.7　Promote the development, transfer, dissemination and diffusion of environmentally sound technologies to developing countries on favourable terms, including on concessional and preferential terms, as mutually agreed
譲許的・特恵的条件を含め、相互に合意した有利な条件のもとで、開発途上国に対し、環境に配慮した技術の開発、移転、普及、拡散を促進する。

17.8　Fully operationalize the technology bank and science, technology and innovation capacity-building mechanism for least developed countries by 2017 and enhance the use of enabling technology, in particular information and communications technology
2017 年までに、後発開発途上国のための技術バンクや科学技術イノベーション能力構築メカニズムの本格的な運用を開始し、実現技術、特に情報通信技術（ICT）の活用を強化する。

Capacity-building　能力構築

17.9　Enhance international support for implementing effective and targeted capacity-building in developing countries to support national plans to implement all the Sustainable Development Goals, including through North-South, South-South and triangular cooperation
「持続可能な開発目標（SDGs）」をすべて実施するための国家計画を支援するために、南北協力、南南協力、三角協力などを通じて、開発途上国における効果的で対象を絞った能力構築の実施に対する国際的な支援を強化する。

Trade　貿易

17.10　Promote a universal, rules-based, open, non-discriminatory and equitable multilateral trading system under the World Trade Organization, including through the conclusion of negotiations under its Doha Development Agenda
ドーハ・ラウンド（ドーハ開発アジェンダ＝DDA）の交渉結果などを通じ、世界貿易機関（WTO）のもと、普遍的でルールにもとづいた、オープンで差別的でない、公平な多角的な貿易体制を推進する。

17.11　Significantly increase the exports of developing countries, in particular with a view to doubling the least developed countries' share of global exports by 2020
2020年までに世界の輸出に占める後発開発途上国のシェアを倍にすることを特に視野に入れて、開発途上国の輸出を大幅に増やす。

17.12　Realize timely implementation of duty-free and quota-free market access on a lasting basis for all least developed countries, consistent with World Trade Organization decisions, including by ensuring that preferential rules of origin applicable to imports from least developed countries are transparent and simple, and contribute to facilitating market access
世界貿易機関（WTO）の決定に矛盾しない形で、後発開発途上国からの輸入に対する特恵的な原産地規則が、透明・簡略的で、市場アクセスの円滑化に寄与するものであると保障することなどにより、すべての後発開発途上国に対し、永続的な無税・無枠の市場アクセスをタイムリーに導入する。

Systemic issues　システム上の課題

Policy and institutional coherence 政策・制度的整合性

17.13　Enhance global macroeconomic stability, including through policy coordination and policy coherence
政策協調や首尾一貫した政策などを通じて、世界的なマクロ経済の安定性を高める。

17.14　Enhance policy coherence for sustainable development
持続可能な開発のための政策の一貫性を強める。

17.15　Respect each country's policy space and leadership to establish and implement policies for poverty eradication and sustainable development
貧困解消と持続可能な開発のための政策を確立・実施するために、各国が政策を決定する余地と各国のリーダーシップを尊重する。

Multi-stakeholder partnerships マルチステークホルダー・パートナーシップ

17.16　Enhance the Global Partnership for Sustainable Development, complemented by multi-stakeholder partnerships that mobilize and share knowledge, expertise, technology and financial resources, to support the achievement of the Sustainable Development Goals in all countries, in particular developing countries
すべての国々、特に開発途上国において「持続可能な開発目標（SDGs）」の達成を支援するために、知識、専門的知見、技術、資金源を動員・共有するマルチステークホルダー・パートナーシップによって補完される、「持続可能な開発のためのグローバル・パートナーシップ」を強化する。

17.17　Encourage and promote effective public, public-private and civil society partnerships, building on the experience and resourcing strategies of partnerships
さまざまなパートナーシップの経験や資源戦略にもとづき、効果的な公的、官民、市民社会のパートナーシップを奨励し、推進する。

Data, monitoring and accountability データ、モニタリング、説明責任

17.18　By 2020, enhance capacity-building support to developing countries, including for least developed countries and small island developing States, to increase significantly the availability of high-quality, timely and reliable data disaggregated by income, gender, age, race, ethnicity, migratory status, disability, geographic location and other characteristics relevant in national contexts
2020 年までに、所得、ジェンダー、年齢、人種、民族、在留資格、障害、地理的位置、各国事情に関連するその他の特性によって細分類された、質が高くタイムリーで信頼性のあるデータを大幅に入手しやすくするために、後発開発途上国や小島嶼開発途上国を含む開発途上国に対する能力構築の支援を強化する。

17.19　By 2030, build on existing initiatives to develop measurements of progress on sustainable development that complement gross domestic product, and support statistical capacity-building in developing countries
2030 年までに、持続可能な開発の進捗状況を測る、GDP を補完する尺度の開発に向けた既存の取り組みをさらに強化し、開発途上国における統計に関する能力構築を支援する。

---

15)　GNI：Gross National Income の頭文字を取ったもので、居住者が 1 年間に国内外から受け取った所得の合計のこと。国民総所得。

著　者

吉川　幸　　岡山大学教育推進機構 准教授

京都府出身。同志社大学文学部卒業後、株式会社ベネッセコーポレーションにて教材編集や新規事業開発等を担当。在職中に日本大学大学院に学び、SDGs における教育の役割と生徒の社会参画のあり方について研究。2016 年より岡山大学地域総合研究センター実践型教育プランナー、2020 年度より現職。2021〜22 年度は副理事（共創教育・SDGs 教育担当）を務める。第 26 期岡山県産業教育審議会委員、岡山県教育庁夢育アドバイザーの他、高等学校の地域学や探究学習にも多数関わっている。カードゲーム「2050 カーボンニュートラル」、「SDGs de 地方創生」公認ファシリテーター。監訳書『市民参画とサービス・ラーニング』（2020 年、岡山大学出版会）、分担執筆『SDGs 自治体白書 2020』（2020 年、生活社）。博士（総合社会文化）。

My SDGs
―危機の時代を生きる「私」の問いを立てる授業―

2022 年 5 月 30 日　　第 1 版　第 1 刷　発行
2023 年 5 月 20 日　　第 2 版　第 1 刷　印刷
2023 年 6 月 10 日　　第 2 版　第 1 刷　発行

著　者　　吉川　幸
発行者　　発田和子
発行所　　株式会社　学術図書出版社

〒113−0033　　東京都文京区本郷 5 丁目 4 の 6
TEL 03−3811−0889　　振替　00110−4−28454
印刷　三和印刷（株）